レベルアップ授業力

理数教育へのつながりを考える

幼児の体験活動に見る「科学の芽」

森本信也・磯部頼子　編著

学校図書

イラスト：わの絵津呼

もくじ

はじめに ……………………………… 4

第1章　領域「環境」と小学校教育
1. 幼稚園教育で科学的思考や知識の芽生えを見出し、育む活動の視点
   ……………………………………… 6
2. 幼稚園教育における「環境」の位置づけ ……………… 12
3. 領域「環境」の小学校へのつながり ………………… 18

第2章　実践例
科学的思考法（推論、因果関係、観察・実験の理解）
　風の発見　あっちにも、こっちにも転がるよ、不思議 ……… 24
　水のエネルギーへの気づき　みんな流れていく　はやい、はやい ……… 28
　物を動かす仕組みへの気づき　ストローの方じゃないとだめなんだ！……… 32
　発見したことを法則化する　さっきと違う音ができた！不思議、音で揺れてる？
　　……………………………………… 36
　氷作りを通した物の性質や自然の仕組みへの気づき
　　どっちも凍らない。なんで？ ……………… 40
　共通性を見いだす考えの芽生え　シャボン玉のヒミツ　みーつけた！……… 44
　予想をし、検証する活動の芽生え　なかなか穴が合わないの ……… 48

算数学習の素地（数や立体、空間概念の理解）
　数の考えの誕生　いくつあったかな？ ……………… 52
　数についての多様な考え　今度はどうやって数えようか ……… 56

数の考えの芽生え　これで10個だから…	60
立体図形の考えの芽生え　鬼の製作「どうやったら立つかな」	64
物の体積の考えの芽生え　そうか！もしかしてお風呂のときと同じ？	68
光と物の影への気づき　何だかわかる？　誰だかわかる？	72
太陽光と物の影のでき方への気づき　影踏み	76

科学概念理解(エネルギー、動物、植物)

物を動かすエネルギーについての考えの芽生え　ジェットコースターみたい！	80
物を動かすエネルギーへの気づき 　しまった！上手く水を流したいのに…　どうしたら上手くいくのかな？	84
葉の形や模様への気づき　あっ失敗！でも、こっちもきれい！	88
生き物の発生と成長の気づき　オタマジャクシとヤゴ	92
ドングリゴマ作りから学ぶ自然の法則　ドングリで遊ぶ	96
葉にある線－葉脈の発見と科学用語による表現 　擦り出し－「ふしぎ、葉っぱが出てくる」	100
生命の誕生と生命を育む環境についての考えの芽生え 　かわいい芽が出た！　早く大きくなぁれ！	104
予想を立てて、確かめる活動　きれいー！いろいろな色の色水ができた！！	108
予想を立てて活動する　風とおしくらまんじゅうしてる？	112

執筆者一覧	117
あとがき	118

はじめに

　本書の内容を表すキーワードは題目通り「科学の芽」です。幼稚園の主に 5 歳児の活動に見られる「科学の芽」を分析しました。ここでいう科学とは、幼稚園の子どもが将来小学校や中学校で学ぶ理科や算数・数学を指します。子どもが船を作ったり、生き物を育てたり、あるいはカードをやりとりするゲームでどちらの数が多いかを比べたりする活動の中に、理科や算数における考えの芽生えを見ることができるのです。「科学の芽」ということばはこの意味で使っています。子どもはもちろん意識していませんが、発言や行動を見るとき、そこには明らかに、例えば、生命、環境、物の体積、風、エネルギー、数等についての考えの芽生えを見ることができるのです。これは決して過大評価ではありません。

　本書を見て頂ければわかると思いますが、教員はこれらの考えを子どもに教えようとはしていません。むしろ、こうした話題について、子どもとの会話を通して、常に彼ら自身の考えを共感的に受け止め、考えをさらに発展させ、子どもが考えながら活動を深めることを大切にしています。子どもは単に活動をするのではなく、自分自身の考えをもって活動することを求められています。実際、子どもは教員との会話を通して考えを深め、同時に活動も発展させることに嬉々としています。「科学の芽」は成長しなければ芽とはいえません。子どもの嬉々とした活動を見るとき、われわれ大人は確かに芽が成長しつつあることを実感できます。本書のキーワードを「科学の芽」とした由縁です。

　「科学の芽」を成長させ、将来、実になるまでに育てる鍵が教員にあることは間違いありません。上で述べた共感的理解に基づき、子どもと共に新しい考えの世界を築くことを願ってやまない教員により、それは実現されると思います。本書は、このようなことを幼稚園、小学校、さらには中学校へと続くことを願い、その契機作りとして編集をし

ました。したがって、幼稚園の教員はもとより、小学校教員においても生活科や理科を担当する際に是非、参考にして頂きたいと思います。

　幼稚園も含めこれからの学校教育の最重要課題として「言語力の充実」が文科省により提唱されております。それは、簡単にいえば、体験したことについて自分で考え、それを自分なりに適切と思える方法により表現できる子どもを育てることです。本書で紹介する実践には、こうした活動の原点を見ることができます。さらに、これからの学校教育の二番目の課題は理数教育の充実です。理数教育の充実において公式、記号、用語の単純な記憶は求められていません。自然事象について子どもに考え、表現する力を育成することを通して、用語や公式を記憶することが求められているのです。こうした現代的な教育課題を解決する上において、課題解決の原点を的確に捉えておくことは必須だと思います。本書で紹介する幼稚園児の学習状況を見ることは、こうした文脈から考えて非常に意味のあることのように思えます。上で述べたように、実際、幼稚園の子どもは自分の考えを表現したり、友だちの表現を聞きながら、考えを変えたり、新しい考えを思いつく活動を大人の想像以上に自由闊達に行っています。

　本書は科学教育の原点を探るという意味合いはありますが、当然のことながら、幼稚園教育という広い視野からその実践の適切性は評価されなければなりません。そこで、科学教育については森本が、幼稚園教育については磯部が評価し、両者の視点を総合して各実践について評価するコメントを掲載しました。本書がこれからの幼稚園及び小学校における科学教育に貢献することを、著者一同願ってやみません。

2011年4月　森本　信也

第1章

1 幼稚園教育で科学的思考や知識の芽生えを見出し、育む活動の視点

森本 信也

1 幼児の思考に見る科学の芽生え

　幼児の思考における科学の芽生えとは一体何をさすのでしょうか。本書ではそれを、科学的な思考や知識へ将来発展していくであろう、幼児の思考やその表現を指すものと考えます。具体例を挙げて説明してみましょう。6歳0ヶ月の幼児の次の思考は科学の芽生えを示しています[1]。

　　質問者：「もし誰かが芽が出たばかりのチューリップをもらってきてずっと
　　　　　　そのままの大きさにしておきたいと思ったら、そういうことでき
　　　　　　るかしら」
　　幼　児：「できない、だってお水をあげないとチューリップは枯れちゃうで
　　　　　　しょ。お水をあげたらどんどん大きくなっていくから」

　幼児でも物を食べることが体に「力」を与え、体を元気にしたり、体の成長に役立つことを知っています。この事例で、幼児は日常生活から得られた知識に基づき自分なりの推論をしているのです。動物や植物は「成長する（大きくなる）」、成長には「食べ物（水や餌、人の食べ物）」がいる、食べ物は生きる「力、エネルギー」になるなど、幼児なりの表現を通して、彼らは動物や植物について説明しようとしています。
　もちろん、ここでは、幼児に「」で示した科学用語を記憶させよ、と言うつもりはありません。むしろ、幼児がこのような表現をしたとき「おもしろい考

えだね」「〇〇ちゃんとチューリップも同じだね」など、彼らの考えを価値づけ、このような思考や表現が大切であること、またそう説明することの面白さを実感させたいと思います。これが科学の芽生えの大人による見出しであると思います。

　この事例にあるように、示された問題解決のために、幼児が自分のもつ気づきを推論により活用させる活動は、小学校以上の理科授業において、子どもが身につけた科学的知識を用いて身の回りの事象を説明することと全く同じです。幼児にはその芽が確かにあるのです。このような体験を繰り返すことにより、**「環境の一つ一つが幼児にとってもつ意味が広がる」**[2] のです。

　したがって大切なことは、上述したような機会を通して、幼児が大人から自分の思考や表現を価値づけられることにより、この体験を基にして別の問題を説明するときの動機づけとすることです。実際、大人から自分の思考とその表現が常に認められたり、価値づけられれば、幼児はさらに色々なことを考え、表現すると思います。大人が思考と表現を価値づける、幼児はこれを受けてさらに思考し、表現する、というやりとりの循環を作りたいと思います。その結果「幼児は、気づいたり、発見したりすることを面白く思い、別なところで活用しようとする」[3] ようになるのです。

　本書では、将来幼児が出会う科学的思考や知識に関わる彼らの表現を対象にしていますが、このことは幼稚園におけるすべての領域における思考や知識に通じると思います。一般的に、われわれには幼児期の記憶があまりありません。それは、この時期に十分言語的な素地が備わっていないからという説明もあります[4]。思考を適切に表現することができない、その結果記憶として残らない、ということでしょう。しかしながら、上で述べたように、科学の芽生えが現れたとき幼児と積極的に対話を行い、その価値づけを行えば彼らの自分自身の表現への注目度は、何もなされないときと比べてはるかに高くなると思います。それは、記憶として残り、次の思考への「問題意識」として定着していくように思えます。本書で芽生えということばを使う由縁です。

第1章

❷ 科学的な思考や知識の芽生えを育む支援の方法

　本書では科学を将来の理科だけではなく、算数・数学も含めて考えてみたいと思います。科学的思考や知識の芽生えという表現にはこの両者が含まれています。

　そこで、まず理科を念頭に置いた活動について考えてみたいと思います。理科の活動を特徴づけるものは何と言っても、観察や実験です。幼児にそのような活動は無理でしょうか。『幼稚園教育要領解説』の次の文言は、このことを考える上において意味深いものがあるように思えます。「幼児は、様々な物に囲まれて生活し、それに触れたり、確かめたりしながら、その性質や仕組みなどを知っていく」(5)。

　具体的にこの文言の意味を考えてみましょう。例えば、幼児が磁石で遊んでる場面を想像してみて下さい。幼児はもちろん、磁石にN極、S極のあることを始めは知りません。それでも、二つの磁石を使って活動するうちに、くっつくときとそうでないときを見つけます。また、その時の力を感じることもできます。これは上の文言にある「触れたり、確かめたりしながら、その性質を知っていく」活動に他なりません。

　理科における観察、実験の基本もこれと同じです。「（磁石の）こっちとこっちはつかなかったけど、反対にするとすぐついた、磁石にはついたり、つかないではなれちゃうところがあるんだよ」というように幼児も自分で考え（予想をする）、磁石に触れ（観察、実験）、性質を確かめながら磁石の仕組み（科学的知識）を知ろうとします。これは順序立てられた立派な思考法です。（　）で示したようにこれは科学的な思考の順序です。明らかに科学的な思考の芽が現れています。必要なことは❶で述べたように、幼児のこうした活動を価値づけ、その大切さを彼らに伝えることです。

　この働きかけを常に幼児に意識化させることができれば、こうした思考は別の事象に触れるときにも転移します。幼児が砂場などで硬いどろ団子を作ろうとするとき、色々な素材を利用しておもちゃ作りをするとき、色水遊びで

＊8

混ぜて色々な色を作り出すとき、遊具や用具を試したり、使ったりするときなど、幼児の思いや願いを基に活動を計画しようとするとき、いつでも活用できる活動であり、これを支える考え方です。

　上述した『幼稚園教育要領解説』にもこれに関連した指摘があります。「興味をもって繰り返しかかわる中で、次第にその性質や仕組みに気づき、幼児なりに使いこなすようになる。物の性質や仕組みがわかり始めるとそれを使うことによって一層遊びが面白くなり、物とのかかわりが深まる」[6]。

　算数・数学につながる活動の芽生えの育みにおいても、活動の基本は幼児が触れたり確かめたりすることにあるように思われます。具体的には**「日常生活の中で、人数や事物を考えたり、量を比べたり、また様々な形に接したりする体験」**[7]です。大人にとっては何でもない日常的にありふれた活動ですが、幼児を支援する際には最新の注意が必要だと思います。

　例えば、三人の幼児に牛乳を同じ量だけ配ることを考えてみましょう。コップを三つ用意して同じ高さに牛乳を注げば良いというわけにはいきません。同じ大きさのコップを用意して高さが同じかどうか見ればよいことを幼児に教える必要があります。もちろん、幼児には高さが体積の代用であることはわかりませんし、教える必要もありません。こうした方法を教え、体験させなければならないのです。体験なしに、大きさの違うコップを用意して、牛乳を入れたものを幼児に示したとしましょう。そこで、「牛乳は同じ？」と聞いたら大混乱することは間違いないでしょう。正しい計量の仕方を体験させることが量や高さを測ることの意味を教えることになります。

　数を教えることも同じことです。数は具体的物と対応させることにより初めて意味をもちます。心理学の実験ではありませんが、おはじきを10個用意し、間隔を開けずに並べたときと間隔を開けて並べた時とを比べさせて、どちらが多いかと幼児に聞いたとしましょう。見かけは間隔を開けた方が長いからこちらの方が多い、という判断を幼児がしては困るのです。具体物と常に対応させることに数字の意味があることを教えたいと思います。

第1章

　図形にかかわる活動についても生活からの気づきをもとにしたいと思います。魚・葉・虫・電車・自転車等、身のまわりにある物は様々な形からできています。これらの物に触れることによって幼児は様々な形のイメージを持つことができます。実際、絵を描かせれば幼児はそれぞれのイメージで車や魚などを表現することができます。車と魚の形を間違うことはありません。こうした体験を通して、幼児は少しずつ具体物を抽象化してその固有の形を記憶していきます。積み木遊びを通した三角、四角などももちろん同じことだと思います。さらに、幼児は○○ちゃんのとなり、上、下、右、左というように、身のまわりの物の配置をも表現することができるようになります。もちろん、これも大人の支援があってこその話です。

　上で述べた活動は小学校1年生の算数の学習に近い内容です。しかし、幼稚園における活動においても珍しい内容ではないと思います。理科的な活動で見たように、幼児が遊びや日常生活を通して、触れたり、確かめたりする活動の中でその大切さを伝えたいと思います。また、その重要さもあるように思えます。

3 幼児に科学の芽生えを育むための基本的な考え方

　幼児に科学的な思考や知識の芽生えを育むための方法について述べてきました。その際に、幼児の意欲的な自然事象への働きかけを大人が積極的に価値づけることの重要性を述べてきました。上でも述べてきたことですが、こうした働きかけを行う際に、是非銘記しておきたいことを最後に記述しておきたいと思います。『幼稚園教育要領解説』にその文言があります[8]。「幼児は（中略）ものと対話」したり「自然の仕組みに心を動かす」がそれです。

　これは簡単に言えば幼児の自然事象への興味や関心の高まりを意味します。しかし、幼児が何に対して対話したり、心を動かしているのかを適切に評価しなければ彼らの活動を支援することはできません。また、したことにはならないと思います。幼児には体験の記憶を強く残し、次の活動に対する動機づけ

としたいと思います。
　例えば、園庭で幼児が育てた植物を彼らに見せるとしましょう。葉一つとっても感触、色、堅さ、におい等色々な特徴を見ることができます。この目的を達成するためには、大人によるこうした状況への誘いが必要だと思います。「葉っぱ」の多様性を見せるよう支援することにより、幼児は「葉っぱ」と対話をし、その仕組みに「心を動かす」ように思います。本当に幼児がそのような活動に取り組んでいるか否かは、彼らに問いかければ簡単にわかります。幼児は色々な気づきを表現すると思います。さらには、秋口になって同じような活動をしてもおもしろいと思います。季節による「葉っぱの変化」を幼児は見出すと思います。
　幼児のこのような「活動」を特徴づける言葉にメタ認知があります。今見ている対象について、心の中で色々と考えを巡らすことを言います。幼児を見ていると確かに彼らは何かをつぶやきながら活動していることがあります。これは、自分の考えを反芻しているのです。「おや」「おもしろいな」「変な形」等々自分なりの気づきをまとめようとしているのです。幼児はただ単に事象を眺めているわけではないのです。これは幼児に限らず日本の学校における教育課題です。自分なりに常に考え、表現する力を育むことです。幼児期からこうした活動の基礎を築くことは大切なことです。幼児にはその可能性があるのです。科学の芽生えの育みを通して取り組みたい課題であると思います。

(註)
(1) 稲垣佳代子・波多野誼余夫 (2005)『子どもの概念発達と変化』共立出版　pp.2-3
(2) 文部科学省 (2008)『幼稚園教育要領解説』p.103
(3) 同上書 p.104
(4) 梅田聡 (2008)「日常記憶」髙野陽太郎・波多野誼余夫編『認知心理学概論』放送大学教育振興会 p.66
(5) 前掲書 (2) p.105
(6) 同上書 p.105
(7) 同上書 p.111
(8) 同上書 p.107

第1章

2 幼稚園教育における「環境」の位置づけ

磯部　頼子

❶ 幼児期における教育の特性

　幼児期における教育は生涯にわたる人格形成の基礎を培うものとし、その特性を踏まえて環境を通して行なうことを基本としています。このために教師は幼児との信頼関係を十分に築きともによりよい教育環境を創造することが求められます。また幼稚園教育要領では「幼児の自発的な活動としての遊びは心身の調和のとれた発達の基礎を培う重要な学習であることを考慮して遊びを通しての指導を中心として第2章に示すねらいが総合的に達成されるようにすること」[(1)]としています。

　つまり「環境」と「遊び」が重要なキーポイントといえます。幼児教育でいう環境は「人・もの・場・時間・空間など幼児を取り巻くすべてとそれらがかかわりあって生み出される雰囲気」までもを含みます。

❷ 環境にかかわって遊びを生み出していく過程

　幼児は自分の身のまわりの環境に興味をもつと自らかかわり遊びや活動を生み出していきます。この遊びや活動をすすめていく過程で様々な体験をしています。この過程と子どもたちの体験を本誌44ページの事例「シャボン玉のヒミツ　みーつけた！」を例に具体的に考えてみましょう。

　次ページの図はこの過程を図示したものです。この事例ではまず①では「環境」にあたるところで教師は用具によってシャボン玉のできかたが異なることがわかり、用具とできるシャボン玉の関係に気づいてほしいこと、また、シャ

○·········· 領域「環境」と小学校教育

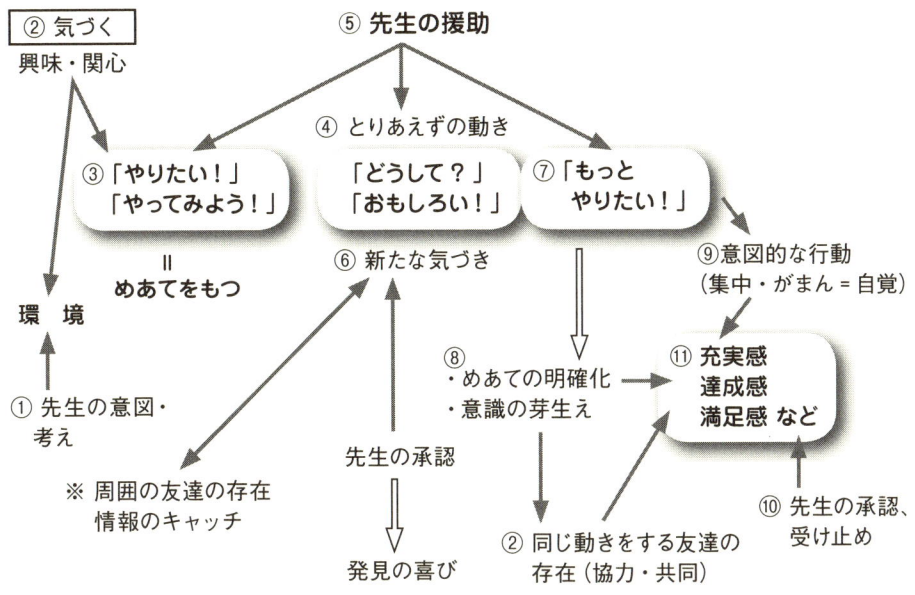

ボン玉の形を予想し、様々に試しながら不思議さやおもしろさを感じてほしいと思いました。そこで枠があるものならシャボン玉ができることに注目し様々なものを用意しました。特に針金で三角、四角、ハート、星の形を用意し子どもたちが興味をもつようにしています。②では子どもたちが興味をもち③「やってみよう」という気持ちをもち、とりあえずではありますが目当てをもちます。この事例ではハートはハートの形のシャボン玉ができると思う子と他の経験から○しかできないと気づいている子の会話がみられます。このような会話は大切です。④ではとりあえずやってみます。⑤にあたる部分では「ほんとうにそうかな？」という教師の言葉が行動をうながしています。そして「どうして？」「おかしい」「おもしろい」などの疑問をもつだけでなく⑥の新たな気づきでは「枠に付いているときは枠の形でいるが離れると○になってしまうこと」がわかったようです。教師もこの気づきを受けとめています。この教師の受けとめや共感がポイントになります。

第1章

次に子どもたちは⑦「もっと」「こんどは」ということで⑧明確な目当てと意識をもち意図的な活動になっていきます。⑨にあたる場面では、意図的に行動するようになると失敗してもあきらめずに何回も繰り返しています。例えば枠がたくさんある網は一度にたくさん出ると予測して試しましたが何回やっても1個しか出ません。偶然にたくさん出ると一ヶ所にだけ息を吹きかけるのではなく、満遍無く吹きかけると連続して出ることに気づきます。教師に報告し認められると満足して繰り返しています。

さらに教師が息以外でも風を当てればシャボン玉ができることに気づいてほしいと思って用意しておいたうちわを使い始めました。教師の思いとは違ううちわでできたシャボン玉を高く飛ばそうと思って扇いでいたところシャボン玉は小さくたくさんに分かれました。それをみた子どもは「シャボン玉が分身した」と喜びました。まわりにいた数人の子も驚き自分もやりたいと挑戦し始めました。同じ遊びをする友達の存在が大事なことがわかります。一人の子の気づきや発見が他の子の目当てのもち方に影響するだけでなく、新たな試しにもつながっています。自分の気づきが他の人に影響を与えたという喜びや教師の承認は⑪満足感・達成感・充実感などにつながります。これらを実感することが何よりも大切です。この体験は次の意欲になり、遊びや活動を支える原動力になります。このためにはまず、目当てをもつこと、その目当てが活動をすすめていく毎に質的に変化していくことが大切です。このことは援助の視点のひとつになるでしょう。

3 満足感・達成感・充実感のためには人の存在が重要

子どもたちはもの・場所・時間のいずれかがあれば遊び始めます。しかし、遊びの醍醐味は気持ちが安定し、目当てに向かって集中できることとともに考えたり力を合わせたり、なによりも受けとめてくれる「人」がいてくれることです。他の人と喜びをともにすることが満足感を倍増します。

さらには、目当てを実現するためにはイメージが豊かであること、知識や技

能の育ちも必要になります。これらは遊びが充実することで育つこともあります。遊びの充実と子どもたちの育ちは表裏一体の関係にあるといってもよいでしょう。

　遊びを充実したり思考力や発想力を高めたり駆使したりするためには総合的な側面からの成長発達が望まれます。そのためには次に示すような体験の積み重ねが大切であると考えます。

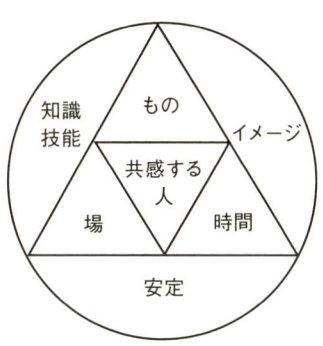

4 遊びや活動を通して体験することが望まれること
＜3歳児のころ＞
① 自分が大事にされている、愛されているという実感が得られる体験
② 安定した園生活と教師への信頼感が感じられる体験
③ 自分の動きをする楽しさやおもしろさを感じ、安心が得られる体験
④ 見立てやつもりの動きをすると楽しくおもしろいという出合いの体験
⑤ 自分のまわりには楽しいことやおもしろいことがあることに気づく体験
⑥ 園で食事をすることの楽しさと安心感が得られる体験
⑦ 自分以外の子どもがいることを実感する体験
⑧ 自分でできることが増え、おもしろさとうれしさを感じる体験
⑨ 自分が興味をもつ子どもの存在とそばにいる安心感を得る体験
⑩ 友達の存在を感じる体験
⑪ 集団で動くことの楽しさの体験
⑫ 大きくなったことを感じる体験

＜4歳児のころ＞*4歳児で入園した場合は当初は3歳児と同様の体験
① 新しい環境で安定した園生活
　　進級の場合は新しい担任との信頼関係を構築する体験

第1章

② 自分のやりたい遊びの選択とおもしろさ、楽しさと満足の体験
③ 見立てやつもりのおもしろさ、楽しさと満足を実感する体験
④ 遊びに必要なものを作ったり、作ったもので遊んだりする楽しさの体験
⑤ 思い通りになる楽しさや、ならないつまらなさの体験
⑥ 自分以外の人や友達の存在を感じ、ともにいることのよさの体験
⑦ 自然素材や様々な素材との新鮮な出合いと使うおもしろさの体験
⑧ 遊びに流れやストーリーがあると楽しくなることがわかる体験
⑨ 二～三人の友達とかたまって遊ぶ楽しさの体験
⑩ 自分の思いや考えがそばにいる友達に伝わったうれしさの体験
⑪ 動くものを作ったり試したりして遊ぶおもしろさの体験
⑫ 劇遊びなど役になって動くおもしろさの体験
⑬ 比べたり競い合ったりするおもしろさの体験
⑭ 当番活動など交替して役割を果たす必要性を感じたり理解したりする体験
⑮ 友達と対応しながら遊ぶおもしろさの体験
⑯ 自分の成長に気づいたり年長への憧れを感じたりする体験

＜5歳児のころ＞
① 5歳児としての自分の成長を実感する体験
② 交替して役割を果たす必要性の理解と果たした快感を実感する体験
③ 友達が自分にとっていい存在、必要な存在であることに気づき愛着を抱く体験
④ 自分が友達にとっていい存在、必要な存在であることに気づき自身をもつ体験
⑤ グループで活動するよさや必要性を感じる体験
⑥ グループのなかで役立っていることを実感する体験
⑦ 自分で目当てをもって挑戦し、達成感を味わう体験
⑧ 園全体の活動などで自分の役割を意識し、自覚をもってやり遂げた体験

⑨ 役割の内容を理解し、自分としての考えを自覚をもって行動し、認められた体験
⑩ 本物に興味をもち、その実現に全力を傾ける張り合いを感じる体験
⑪ 友達のよさや力を理解し、それを生かして活動した楽しさの実感
⑫ 時間や時刻を意識して生活する必要性を感じる体験
⑬ 文字や数に関心をもち、遊びに活用すると一層楽しくなることの体験
⑭ 就学時健診を機に小学校に関心をもち、自分なりに挑戦する体験
⑮ 落ち着いて話を聞いたり、理解して行動したりする必要性を実感する体験
⑯ 成長を実感し、園や友達に情愛や愛着を一層強く感じる体験
⑰ 修了を意識し、世話になった人への感謝の気持ちを強く感じられるような体験

5 環境の構成の意味

　環境の構成の意味について幼稚園教育要領解説で述べていることを記述してまとめにします。なお、経験と体験は同意語と考えています。
「環境の構成において重要なことは、その環境を具体的なねらいや内容にふさわしいものになるようにすることである。ある具体的なねらいを目指して指導を進めるためには、幼児の生活する姿に即して、その時間にどのような経験を積み重ねることが必要かを明確にし、そのための状況をものや人、場や時間、教師の動きなどを関連づけてつくりだしていくことが必要となる。（中略）幼児自らが発達に必要な体験を積み重ねていくことができるような環境をつくり出すことが大切である」[2]。

（註）
(1) 文部科学省(2008)『幼稚園教育要領解説』p.3
(2) 　同上書 p.178

第1章

  領域「環境」の小学校への
つながり

川越　秋廣

1 領域「環境」のねらいから生活科、理科の目標へ

　下記、幼稚園の領域「環境」①〜③のねらいは、小学校の各教科・領域につながるわけですが、ここでは特に生活科の自然とのかかわりに関する目標や理科の目標につながる点を中心に述べることにします。

① 身近な環境に親しみ、自然と触れ合う中で様々な事象に興味や関心をもつ。
② 身近な環境に自分からかかわり、発見を楽しんだり、考えたりし、それを生活に取り入れようとする。
③ 身近な事象を見たり、考えたり、扱ったりする中で、物の性質や数量、文字に対する感覚を豊かにする。

　幼児は自分の生活する家や幼稚園及びその周辺、また家族と出かける場所や幼稚園の遠足で行く場所などで様々な自然と触れ合います。そして、それらの場所で、「見る」「聞く」「嗅ぐ」「触れる」などの感覚的なかかわりを通して色々な動植物に興味を持ちます。しかし、なんといっても日々多くの時間を過ごす幼稚園での様々な体験や発見が幼児にとっては面白いのです。ダンゴムシやコオロギを探して飼ったり、落ち葉を集めて人形を作ったり、キュウリやナスを収穫して先生と料理をしたりする活動を体験しながら、身近な自然が好きになっていくのです。また、ウサギやカメと一緒に遊んだり、餌をあげたり、チューリップの球根やジャガイモを育てたりする体験を通して生きているものへの慈

しみの気持ちも芽生えます。そして、こうした体験を積み重ねながら、幼児は命の大切さにも気づき、自然を大切なものとして感じるようになるのです。ところで、こうした体験活動を通して幼児は様々な気づきをします。

　例えば、保育室の前に植えてあるミカンの木に毎年のようにアゲハチョウが卵を産みつけます。やがて小さな幼虫になると、幼児は目ざとく見つけ先生に報告します。幼児の提案で飼育ケースに入れて育てることにします。やがて幼虫はサナギになります。すると、幼児はサナギから何日でチョウになるのか疑問を持ち（問題意識）、育てながら（観察）その日数を予想したり（予想）、チョウになってから何を食べるのかを疑問に感じたりします。教師がそっと図鑑を用意すると、それを使って自分たちで調べるようにもなります。この例を見ると明らかに科学的思考の芽生えが現れていることがわかります。ここで大切なことは幼児の気づきや疑問に対して、教師が多くの言葉のやりとりをしながら共感し価値づけをしてやることです。そうすることによって幼児は自分の発見や疑問に自信を持ち、新たな活動への意欲を高めるからです。

　また、幼児は遊びの中でも多くの気づきをします。遊びの種類は様々ですが、砂場遊びやシャボン玉遊びは3歳児から5歳児までが遊べる幼児の好きな遊びの代表格です。そのシャボン玉遊びを例にとってみましょう。3歳児は、シャボン玉の面白さを十分体験できるように、安全ストロー、カップ、既製のシャボン玉液を使います。シャボン玉ができることを楽しむとともに、強く吹くと沢山のシャボン玉ができ、そっと吹くと大きなシャボン玉ができることに気づきます。4歳児は、自分なりに試す楽しさを感じられるように、ストロー、牛乳パックを輪切りにしたものなどを吹くものとして用意します。この場合、切り口の大きな物ほどシャボン玉が大きくなりますが、玉をつくるのが難しい事に気づきます。5歳児は、過去の経験をいかし、更に自分なりに工夫して試せるように4歳児に使ったものの他に、穴あきおたま、ザル網、リングバトンを用意します。また、型の形によってできるシャボン玉の形に違いがあるのかを予想し試せるように、針金でハート、星、三角、四角の形にしたものを用意し

第1章

ます。息だけでなく、風が膜に当たればシャボン玉ができることに気づけるようにうちわを用意します。また、色の変化をよく見られるように黒い下敷きも用意します。

このように教師が遊びという活動の環境構成を工夫することで、幼児は現象の変化とその要因に気づきやすくなります。

こうした幼稚園での教育は、小学校の生活科や理科に引き継がれていきます。

生活科の自然について書かれている目標を見てみましょう。「自分と身近な動物や植物など自然とのかかわりに関心をもち、自然のすばらしさに気づき、自然を大切にしたり、自分たちの遊びや生活を工夫したりすることができるようにする」とあります。先ほどの幼稚園のねらいは、この生活科の目標に極めて密接に結びついていることがわかります。また、小学校理科の目標を見てみましょう。「自然に親しみ、見通しをもって観察、実験などを行い、問題解決の能力と自然を愛する心情を育てるとともに、自然の事物・現象についての実感を伴った理解を図り、科学的な見方や考え方を養う」となっています。「見通し持って観察、実験を行う」「問題解決の能力を養う」「科学的な見方や考え方を育てる」といった、理科の用語の記述はありますが、この小学校理科の目標もまた、幼稚園のねらいの上に成り立っているものであることが読み取れます。

❷ 小学校教育へのつながりを大切にした体験活動

前述したように、幼稚園教育では環境作りを工夫し、幼児に遊びを通して様々な体験活動を行っています。その体験活動の中で、幼児は沢山のことに触れ、色々なことに気づいて、考えたり、表現したりして、科学の芽生えを育んでいきます。そして、こうした気づきや科学の芽生えは、やがては小学校教育の生活科や理科の学習をする時、事物や現象について考えるための素地となって生きてくることになると考えられます。ですから、小学校教育へのつな

がりを考えた時、幼稚園教育における体験活動の内容は、できるだけ幼児の記憶に残るようにすることが大切だと考えます。それでは、そうするためにはどのような工夫が必要なのでしょうか。大きくは二つあると思います。その第一は、遊びという活動の内容を小学校における授業と何らかの関連性をもたせるということです。そして第二は、幼児の気づきや発見に教師が共感・価値づけをするということです。

① 小学校での授業との関連性

　幼稚園で体験した遊びに似た活動や、遊びで触れたことのある素材が小学校の授業でも取り上げられていれば、子どもは親しみを覚え、進んで授業に取り組むようになると思われます。素材が核となり、子どもの記憶が幼稚園での遊びを想起するかもしれないからです。そうなることによって、授業の中での子どもの気づきは更に質的に高まることが期待されます。ところで、どのような素材が幼稚園の遊びでは使われているでしょうか。その主なものを整理してみましょう。

ア．生き物関係
　・蚕　・アゲハチョウ　・ザリガニ　・金魚　・メダカ　・オタマジャクシ
　・ウサギ　・カメ　・ハムスター　・モルモット　・チューリップ　・大根
　・ジャガイモ　・イネ　・ミカン　・キュウリ　・ナス　・トマト
　・落ち葉　・木の実

イ．その他
　・月　・星　・雨　・風　・砂場　・水　・動くおもちゃ　・シャボン玉
　・色水

　まだまだ沢山ありますが、こうしてみるとこれらの素材は小学校の生活科の授業で、その多くを取り扱っていることがわかります。幼稚園と小学校の素材にこれだけ共通のものがあるということは、幼稚園での体験活動の記憶がしっかりしていれば、子どもは小学校の授業において、科学の芽生えを更に成長

第1章

させることができると考えられます。

② **教師の支援・援助の工夫**

　幼児は素材から色々な気付きをします。ジャガイモを育てている時に、花は土の外に咲くのに実は土の中にできる不思議さに気づきます。なぜなら、キュウリやミニトマトは花が咲いたところに実ができることを幼児は体験から知っているからです。先生はこう答えます。「本当にそうだね。よく気がついたね。ミニトマトは花のところに実がなったからね。だけどジャガイモも実なのかな？」すると、幼児は「ううん、根っこみたい」と思考を広げます。教師が幼児の気づきや発見に共感し、それに価値づけを行い、考える視点を示してやることが大切です。そうすれば、幼児は更に追究して調べようとします。こうした活動はより強く幼児の記憶に残ると考えられるのです。

実 践 例

科学的思考法(推論、因果関係、観察・実験の理解)
　　　　　　　　　　　　　　　　　　　24

算数学習の素地(数や立体、空間概念の理解)
　　　　　　　　　　　　　　　　　　　52

科学概念理解(エネルギー、動物、植物)
　　　　　　　　　　　　　　　　　　　80

第2章

❖ **科学的思考法**

風の発見

4歳児

あっちにも、こっちにも転がるよ、不思議

　小学校と併設している幼稚園で、小学校の校庭が空いているときには、園児が校庭で遊んでいました。校庭に吹いてくる風は、一方向ではなくいろいろな方向から吹いていることや、季節によって風向き、風の強さが違うことに担任が気づき、4歳児にあった教材を工夫して提示してみました。

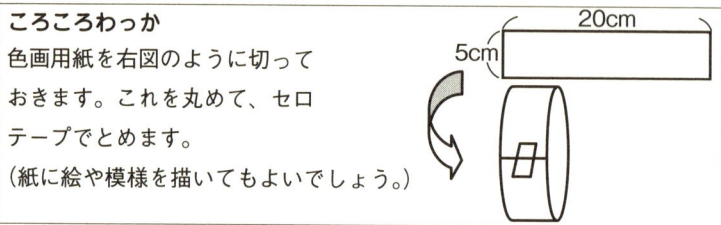

ころころわっか
色画用紙を右図のように切っておきます。これを丸めて、セロテープでとめます。
(紙に絵や模様を描いてもよいでしょう。)

トオル「先生、どうやってするの？」
担 任「くるんって丸めて、セロテープでぺったんとつけるとできるよ。」
トオル「できた。」
担 任「校庭でやってみよう。」
　校庭に行って『ころころわっか』をころがしてみる。
トオル「うわあ、こっちに行く。」
マサト「これ、はやいよ、はやいよ。」
ユウコ「まって、まって。」
　風がやむと
ユウコ「つかまえた。」

○……………実践例　科学的思考法

トオル「あっ、止まった。」
　とわっかを触ったり、ころがしたりしてみる。
　再び風が吹き、今までと違った方向にわっかが動くと
トオル「今度、こっちだ。」
　と、わっかを追いかける。急に風向きが変わり、ころがる方向が変わると
トオル「ひゃあ、こっちにくるよ。」
マサト「今度はどっちなんだ。」
　と言いながら、わっかと一緒に走っている。
担　任「いろんなところに転がるね。」
トオル「だって、あっちにもこっちにもいくよ。」
マサト「追いかけても、追いかけても、転がっていくんだよ。」
ユウコ「なかなか、つかまえられないよ。」
担　任「どうして、何にもしないのに転がっちゃうんだろうね、あっちに行ったり、こっちに行ったり不思議だね。」
　再び、わっかを置いて始める。なかなか動かない。風が吹いて動く。
トオル「今びゅうん、てきたよ、動いた。」と、追いかける。
マサト「あ、風だ、風がふいた。」と、わっかを追いかける。
トオル「風だ、風だ。」と、わっかを追いかける。
担　任「風が吹いてたんだね。そうか、それでころころ転がっていたんだね。」
マサト「今度は競争しよう。」と、トオルに言うと、
トオル「うん、いいよ。」
　と、二人で並べて「よーいドン」で同時に手を離します。ちょうど風が吹いてきて転がり始めるが、別々の方向に行ってしまう。
マサト「どうして、一緒の場所からしたのに…」
トオル「ほんと、すぐにバラバラの方に行っちゃった。」
担　任「どうしたの？」
マサト「競争しようと思ったんだけど…」
トオル「すぐにバラバラの方に行っちゃったの。」
担　任「それで競争にならなかったの？せっかくいいこと考えたのに残念だったね。」

第2章

マサト「うん、もう一回やってみる？」
　と言ってやってみるが、同じように別々の方向に行ってしまう。
トオル「風で動くんだから、しょうがないのかな？」
マサト「そうだね。」
　その後はそれぞれに楽しんでいる。

（山崎　紀子）

 科学教育の視点　　　　　　　　　　　　　　　　　推　論

　ここでの活動の中心はなんと言っても「風の発見」です。風を見ることはできませんが、感じたり、ころころわっかを観察することで、風があることがわかります。この体験をもとに、家で洗濯物や鯉のぼりがひらひらするのを見たとき、子どもはそこに風があることを推測することができます。理科では、体験してわかったことを、別の場面でも使えるかどうか見る活動がたくさんあります。むずかしく言えば「推論」です。ここでの子どもの活動はその芽生えと見ることができます。ここで使ったころころわっかの大きさや形を変えたりして、ころがり方の違いを子どもに体験させてみてもおもしろいかもしれません。風の当たり方、つまりわっかと風の当たり方がより鮮明になることも想像できます。
　小学校3年理科に「風の力」という単元があります。風の力の強さをコントロールしておもちゃの車の走り方を比べる活動です。「風の発見」活動を楽しんだ体験をもつ子どもであれば、このような学習にスムースに取り組んでいけることが容易に想像できます。大人の目から見れば何の変哲もない子どもの活動の奥には、発展の機会を待つ多様な学習が隠されているのです。それを見抜き、意味あるものとして捉える教師の目が必要だと思います。

（森本信也）

○⋯⋯⋯⋯⋯ 実践例　科学的思考法

幼児教育の視点

体験を通して実感する

　風の強さを感じ、それを遊びに取り入れたらおもしろいと考えた教師の感性が何より大切です。しかも4歳児でもすぐに遊べる単純なものを提示したことが子どもたちの楽しさにつながっています。

　子どもたちは『わっか』を追いかけながら風の向きや強さを感じています。また、風は自分たちの思い通りにものを動かしてくれないことにも気づいています。理屈ではなく、体験を通して実感することに大きな価値があります。このことはすぐに知識としてはたらくことはあまりありませんが、将来、例えば小学校の理科の学習などの時に「そういえば…」と思い起こすことが期待できます。

　教師は「風が吹いたんだね。それで転がったんだね。」と、子どもたちの気づきを確認しています。このような確認が知識として内在していくのには大切なことです。また、『わっか』が別々の方向にいって競争にならなかったことに対しては「残念だったね」という受けとめだけで、『わっか』への風のあたり方の違いやその他の微妙な条件などのことには触れていません。

　この時期におもしろさと不思議さを体験することが理屈で理解することより大切なことはいうまでもないでしょう。5歳児になった時に同じように風が吹いた日に出合えば、別の発見や試しをするのではないでしょうか。おもしろさや不思議さに出合った体験は、新たな活動を生み出すでしょう。

（磯部頼子）

第2章

水のエネルギーへの気づき

4・5歳児

みんな流れていく　はやい、はやい

　天気のよい日、午前中に4歳児、5歳児、共にプールで遊んだ後、プールを掃除するために組み立て式プールの排水をしました。
　ちょうどお弁当を食べ終えた4歳児が気づき、スチロール皿で作った船を浮かべました。流れが速くすぐ排水溝のところまで流れつきます。おもしろさを感じた一人がビーチサンダルをはいて水の中に入ったところ、偶然ビーチサンダルが脱げて流れてしまいました。ビーチサンダルが流れていくおもしろさに気づいた子が次々と自分のビーチサンダルを持ってきて流し始めました。

【4歳児】
タクヤ「はやい、はやい、待って！」　と自分の船を追いかけます。
　アキラは、自分でスチロールで作った船を持ってきて浮かべています。流れが速すぎることもあってか、途中から後ろ向きになってしまいます。
アキラ「どうして後ろ向きになっちゃうの？」　と言いながらも追いかけていきます。
　サトシは、ビーチサンダルをはいたまま、水の中に入っていきます。足踏みしているうちに、ビーチサンダルが脱げて流れ出しました。
サトシ「キャー、ビーチサンダルが流れていっちゃう〜」　と大きな声を出しながら追いかけます。
　その声を聞きつけた何人かが「わぁ〜おもしろい。」と言いながら追いかけていきます。
　そのうち「ぼくも、ぼくも」と言って次々にサンダルを流し始めました。
　そのうちに排水溝の網のところにサンダルが止まってモゾモゾと動いています。
タクヤ「わぁ〜、ビーチサンダルが渋滞しているよ〜」　と言っています。
サトシ「渋滞だ、渋滞だ」　と飛び上がりながら触れ回っています。
担　任「早く渋滞解消してください。水が溢れて広がってしまいます。」
　と言うと、子どもたちは急いで自分のサンダルを取り除きますが、すぐにまた渋滞になっていました。

○·················· 実践例　科学的思考法

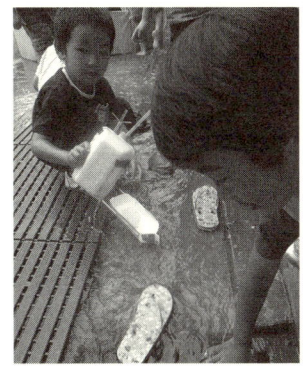

【5歳児】
ユウタ「ねぇ、ユウジくん、競争しよう。」と誘って競争しています。
ヤスシ「ぼくの方が速かったよ。」
コウタ「だってぼくのひっくり返っちゃったんだもん。」
ヤスシ「本当だ！鼻緒のついている方が遅いんだ！」
コウタ「そうだよ、下がすべすべの方が速いんだよ。」
ヤスシ「よし！試してみよう。」と片方を反対にして同時に流します。やはり、鼻緒の方が地面に触るのか、少し遅れがちになります。
コウタ「ほらね、やっぱり遅いでしょ。」
ヤスシ「どうしてかな？」
コウタ「鼻緒が地面に触っているんじゃない。」
ヤスシ「そうかもしれない。」と、ふたりで納得したようです。
　コウタは、同じようにビーチサンダルを流しているハルトに、
コウタ「ねぇ、ハルトくん。こうやって流したのとこうやって流したのと速さ違うよ。知ってた？」
ハルト「知らない。」
コウタ「やってごらん。絶対違うから。」
　ハルトは、言われたとおりに片方ずつ変えて流します。
ハルト「コウタくん、本当だった。」
コウタ「やっぱり？ヤスシくんと発見したんだ。」
ハルト「不思議だね。どうしてだろうね。」
コウタ「あのね、鼻緒が地面に触っているからだと思うんだけど。」
ハルト「ふーん、なるほど。」と感心しています。

第2章

　いつも子ども用バスケットにボールを入れるか、ビー玉ころがしにしか興味を示さないキヨシも楽しめればいいと思い、担任はキヨシに木の葉を渡し、流してみるように促してみました。初めは尻込みをしていましたが、他の幼児がいろいろ試したり、競争などをしたりしているのを見て、木の葉をそっと浮かべました。すると、流れに乗って速く排水溝に辿り着きました。キヨシは木の葉を拾い上げると、上流の方に行き、また、流れに乗せます。ところが、今度は途中で茎の方が先になってひっかかってしまいました。

　キヨシは黙って拾い上げると、茎と葉を切り離し、両方を持って上流に行き、両方を同時に流しました。茎の方が速く流れ、追いかけていきますが、茎は排水溝に吸い込まれてしまいました。キヨシは驚いた顔で担任を見ます。担任が「消えちゃったね。」と言うと笑い、後から流れ着いた葉を両手で排水溝の網に押し込もうとしますが、なかなか入っていきません。担任が「あれ?」という顔で見ていると、笑いながらなおも押し込もうとします。葉の方も網の中に落ちていくと担任の顔を見て、にこっと満足気に笑い、保育室に入っていきました。

　　　　　　　　　　　　　　　（磯部　頼子）品川区立伊藤幼稚園にて

 科学教育の視点　　　　　　　　　　　　　　　　因果関係の理解

　子どもは水の流れが物を運ぶエネルギーのあることを目の当たりにします。流れは物を運んだり、ひっくり返したりするのです。小学校5年生で川の学習を通して水の流れが土地を削ったり、削られた砂や石が水により運ばれることを学習します。その基礎ともいえる学習が幼稚園で成立しているのです。5歳児の子どもの気づきは精密です。それは次のように精密化されていきます。
「水にはサンダルを運ぶ力がある」
→この発見を予想として実際に皆で確かめる
→「流される物の形によって運ばれるときの速さが異なる」
→この発見を予想として、サンダルを裏返したときと表のままとでは速さが異なることを皆で確かめる
→「物の流れる速さの違いは水への抵抗の違い」

○………… 実践例　科学的思考法

　これは、理科における予想を立て、実験で検証する、結論を得るという活動と全く同じです。あるいは、「もし〜ならば、そのときは〜になる」という思考の芽生えとも言えます。「もしサンダルが表だったら、裏の時よりも速くなる」という、因果的な思考です。こういう原因があれば、その時はこういう結果が生まれるという推論形式です。5歳児のこのような学習の状況は小学校教育への橋渡しとして、すべての初等教育関係者は銘記すべきものと思われます。

（森本信也）

幼児教育の視点

気づいた論を確認して

　偶然にできた水流、4歳児と5歳児ではかかわりかたや気づきが違うのがわかります。4歳児は「ものが流れる」という現象のおもしろさで自分なりの試しをしています。偶然に起こる「逆向き」には気づきますが、そこでとどまっています。

　5歳児になると、競争しようと競い合う動きになっています。この過程で友達と比べる、ものの違いで比べるという動きになっていきます。偶然ではありますが、ビーチサンダルの裏と表では流れる速さが違うことに気づき、なぜ速さが違うのか、「地面に鼻緒が触れるから」と自分たちとしての理由を考えています。また、それを他の幼児にも伝え、確認し合っています。

　水の流れのおもしろさ、ものが流れていく様のおもしろさは、興味の範囲を広げる役割を果たしています。同じ遊びしかしないキヨシの行動の範囲を広げられたのは、水のもつ力、自然のおもしろさにあったように思います。しかもキヨシはキヨシなりに木の葉に茎がついていない方がよく流れるということに気づいたと思われる行動をしています。

　偶然、履いていたビーチサンダルが流されたという現象がこの場面での活動を支えています。子どもにとっては「まさかの現象」だったのでしょう。そこから発して様々な試しにつながっています。組み立て式とはいえ、水の量が十分楽しめるだけあったことと、水の流れに勢いがあったことなど、子どもたちが満足できる条件が整っていたことが何よりでした。

（磯部頼子）

第2章

物を動かす仕組みへの気づき

4歳児

ストローの方じゃないとだめなんだ！

　1学期後半からお菓子の箱やプリンカップ、ロール芯などの素材を使い、遊ぶことを楽しんできました。9月後半頃より、自分で作った空き箱に紙テープやリボンなどをくっつけ、ひっぱって遊んだり、自分なりに動かして遊んだりする姿が見られるようになってきました。そこで担任は、自分の作ったものに少し手を加えると、動くものができる楽しさを感じて欲しい、動くもので遊ぶ楽しさを体験して欲しい、と思い、竹ひごとストロー、片段ボールを使って様々な幅のタイヤを用意しました。

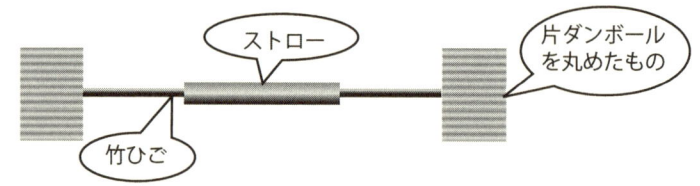

担　任「わぁ、エイトくん、かっこいいの作ったね！」
エイト「うん、スーパーカーなんだ！ここにライトもあるし、鉄砲もあるんだよ！」
担　任「うわぁ、本当にスーパーカーだね。これは（下についているテープの芯を指して）何？」
エイト「タイヤだよ。」
担　任「大きなタイヤだね、かっこいいね！本当に動けばいいのにね。」
エイト「動くよ、ほら（手で車を動かしながら）ぶ～ん！」
担　任「そっか、でも、本当の車みたいに回って動いてさ、進んでいったら素敵だよね。」
エイト「うん…」
担　任「あ、いいこと考えた！タイヤ作っちゃおう！（あらかじめ作っておいたものを出して）こんなのは、どう？」

○ .... 実践例　科学的思考法

担　任「ほら、転がるよ！」
エイト「（転がしながら）本当だ！進む、進む！僕のにつけてもいい？」
担　任「もちろん。」
エイト　セロテープを持ってきてタイヤを自分が作った車につけます。しかしストローの部分ではなく、竹ひごのところにセロテープをつけてしまいました。

「やった！」と言って転がそうとしますが…　「あれ〜。先生、動かない！」

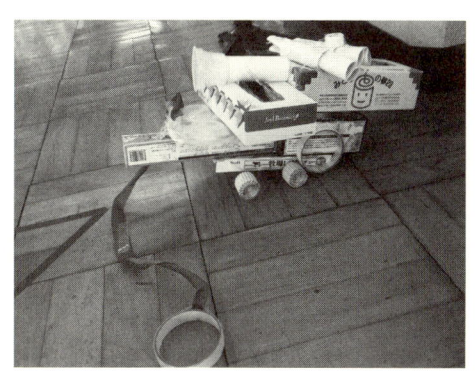

担　任「どれどれ？あ、本当だ。このタイヤはね、つけるところが決まってるんだよ。ほら、ここ（ストローの部分を手で押さえる）をとめるとタイヤはどう？」
エイト「動く。」
担　任「じゃあ、こっち（竹ひごの部分を手で押さえる）は？」
エイト「動かない。ストローの方じゃないとだめなんだ！」
担　任「よくわかったね！」
エイト「よし、もう1回、やってみる！」

　そう言って先ほどつけたタイヤを取って今度は、ストローの部分にセロテープを貼りつけました。「先生、できたよー！」喜んで車を動かし、遊び始めます。
　エイトの車を見て、他の幼児も「ぼくの車にもつけたい！」とやってきました。
　そこであらかじめ作っておいたタイヤをテーブルの上に出して"車工場"を作り、自分の作った車につけられるようにしました。そこに来る友達にエイトは、「こっちにつけるんだよ、ストローの方じゃないとだめなんだよ！」と嬉しそうに教えていました。

　部屋の別の場所では、他の子どもたちがカラービニル袋の中に綿を入れて人形を作っていました。近くの場所を出来上がった車を動かしながら何人かの子が通っていきます。

マ　リ「先生、あれ（車）作りたい。」

第2章

担　任「車？すごく面白そうだよね！でも、そのためにはまず、上の車のところを作らないと…　マリちゃんの作ったものあるの？」
マ　リ「この子たち（カラービニルの人形）を乗せたいの。」
担　任「わぁ、素敵！お出かけするのに車に乗って行けたらいいものね。じゃあどんな車がいいかな。」
マ　リ「選んでくる！」

と言って、空き箱が置いてある製作コーナーの所に行き、人形が入る大きさのものを探しています。しばらくして「先生、これにする！」と言ってティッシュの箱を持ってきました。「これだと、中に入れるんだよ！」

担　任「本当だ、いいのが見つかってよかったね！」

（髙野　悠）

 科学教育の視点　　　　　　　　　　　因果関係の理解

　この実践で子どもはおもちゃ作りを通して、物を動かす仕組み、すなわち機械というものについて理解を始めようとしています。その理解のしかたはこうです。竹ひごが自由に動くストロー（車軸）にセロテープを貼りつければ車は動くという理解の仕方です。言い換えれば、「こうすれば、こうなる」式の理解です。もう少し詳しく言えば、「こういう働きかけをすれば、こういうことが起きる」という理解です。これは一般的に因果関係の理解です。こういう原因（こうすれば）があれば、こういう結果が生じます、という理解です。別の教材においてもこのような実践を繰り返したらどうでしょうか。子どもが因果的な思考方法を身につけていくことは想像に難くありません。実際、この実践でも子どもと教師とのやりとりの中にその芽を見ることができます。

　担任「本当に動けばいいのにね」エイト「動くよ、ぶーん！」担任「本当の車みたいに回って動いてさ、進んでいったら素敵だよね！」。この会話では、上で述べ

○ ……………… 実践例　科学的思考法

たように「こうすれば、こうなる」式の活動へ子どもを誘うための動機づけを見ることができます。担任「タイヤ作っちゃおう！」の発言に始まり、子どもは道具を受け入れ竹ひごのところではなく、ストローのところにづければ動くことを分析していきます。担任は単純に子どもにこうした理解を期待しているのではなく、積極的に子どもに新しい理解をさせるべく足場を作っています。これがこの実践において着目すべき視点だと思います。

(森本信也)

幼児教育の視点　　気づきや発見のうれしさを連続的に体験していく

　3〜4歳児の頃は、積み木一つでも、車や電車に見立てて「ブーブー」とか「ガタンゴトン」などと言いながら動かして遊んでいます。この事例では、はじめ、幼児は紙テープやリボン等をつけてひっぱって動かすことを楽しんでいるようですが、担任は「動くものを作る楽しさを感じてほしい」と新しい材料を提供しています。4歳児もこのころになると「動くとか走るというおもしろさの実感」や「自分で作ったもので遊ぶ楽しさ」を体験してほしいと思います。担任は、子どもが自分で作ったものを認めながらも「本当に動けばいいのにね」と次の方向を示すとともに、実現できるものを提示しています。

　竹ひご、ストロー、車輪を使って「走らせる」ための仕組みを知らせています。この方法は、教師の部分的な手助けがあれば4歳児でも作ることができますし、「走った」ことが見てわかるので成功感が実感できます。

　この遊びでは、車軸の長さと箱の大きさの関係や車軸のどこを本体に固定すればよいのかなど、理解しています。

　この事例では、斜面を走らせるまでは至っていませんが、斜面に作った車を置けば、ひとりでに斜面を走りおりるでしょう。そうすると、斜面の角度でスピードが変わることや走る距離に差ができることにも気づくことでしょう。

　子どもたちは遊びながらさまざまなことに気づいていきますのでこのような楽しさや満足感、気づきや発見のうれしさを連続的に体験していくことが「学び」として大切でしょう。

(磯部頼子)

第2章

発見したことを法則化する

5歳児

さっきと違う音ができた！
不思議、音で揺れてる？

　グラスに入れる水の量の違いにより、たたいたときの音が違うことや音が出るとき水が揺れることを子どもは遊びの中で発見していきます。

　水の入ったグラスと、空のグラスを教師が用意し、テーブルに置いておく。三人の幼児が集まってきます。
担　任「お水の入ったのと入ってないの、これで叩くと同じ音だと思う？違うと思う？」
ワタル「うーん、ちがうかな？」
スミエ「違う違う！」
担　任「どうして違うと思った？」
スミエ「だって、お水があるのとないので違うから。やってみたい！」
　2つのグラスを叩き、音の違いを聞こうと耳を澄ませています。
スミエ「違う！やっぱり違った！」
担　任「本当？こっちはどんな音？」（水の入ってないグラスを指して）
スミエ「カン、カンだよ。こっちは、コン　コン。」（声で音の高低を表現する。）
担　任「本当だ、こっちはカン、カンでこっちはコン、コンだね！すごい！でもさ、お水がもっといっぱいだったらどんな音なのかな？」
ト　コ「う〜ん、どうなるんだろう。」
ワタル「じゃあ、もっと実験してみようよ！」

　翌日、水の入ったグラスを5つそれぞれ青、緑、黄、ピンク、オレンジと色をつけ、おおよそそれぞれが音階（ドレミファソ）になる量にして準備し、机に置いておきます。また、それぞれの色水を入れたタライと、水差し、空のグラスを数十個を準備しておき

〇 .... 実践例　科学的思考法

ます。そこへ三人がやってきて、さっそく色水のグラスを叩き、どんな音がするか試しています。

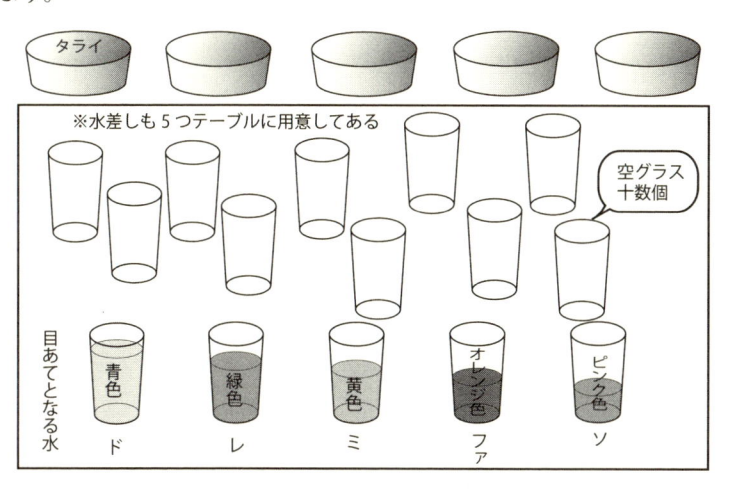

（図：タライ5つ、水差し5つ、空グラス十数個、目あてとなる水として青色（ド）、緑色（レ）、黄色（ミ）、オレンジ色（ファ）、ピンク色（ソ）のグラス）
※水差しも5つテーブルに用意してある

ト　コ「緑と青色は違う音がするよ！」
スミエ「ピンクもだよ！聞いて聞いて！」
担　任「違うって気づいたんだね。いいね！じゃあ、この緑のと同じ音って作れるのかな？」
スミエ「作ってみる！」

　そう言って、教師が作っておいた緑色のグラスの水の量を見ながら、同じになるように少しずつ水を足していきます。時々グラスを叩き、同じになったかどうか確かめています。

スミエ「少しまだ違う気がするなあ。」
担　任「そうだね。なんでかな。」
スミエ「まだ少し足りないんだよ。同じにならなくちゃ。」
担　任「スミエちゃんは、同じ水の量になると、同じ音になるって思ったんだね。」
スミエ「そうだよ！」
ト　コ「私はピンクを作る！」

　そう言って、トコは水を入れながらグラスをコンコンと叩いています。

ト　コ「うわ〜面白い！もう一回やるから聞いてて！音がどんどん変わるよ。」
スミエ「ほんとだ。水を入れながら叩くと音が変わる！」
担　任「面白いね！ねえ、叩いてる時に水の上のところ見てるとどう？」
スミエ「…？」

第2章

ト　コ「はじっこの所が揺れてる？」
担　任「本当だね。揺れてるよね。なんでかな？」
スミエ「叩くと揺れるね。」
ト　コ「なんでだろう。音で揺れてる？」
担　任「音のせいで水が揺れているの、よく気がついたね！」
ト　コ「音って揺れるんだね！」
スミエ「すごい！」
担　任「水の量で違う音ができるって気がついたし、水が音で揺れてることも気づいて、すごいね二人とも！」
ト　コ「私、もっといろんな音作ってみたいな！」

　そう言って、他の色でも、さっきと別の音を作ろうと作り始めます。そのうち、ワタルとアカネもやって来て音作りを始め、それぞれが水を入れては試すので音が重なり合い、微妙なハーモニーになりました。すると、ワタルが試している子たちの前に立ち、指揮を始めます。その動きに気づいた子たちは合わせて数種の音を交互に鳴らします。澄んだ音なので音が重なり、リズムもそれぞれで不思議なメロディーとハーモニーが奏でられます。みんな気持ち良さそうに演奏していました。

（喜多川　千秋）

科学教育の視点　　　　　　　　　物事の法則化（ルール化）

　ここでの活動の特徴は何と言っても、子どもが体験したことを法則化（ルール化）し、これを実際に試すことができるということです。担任「スミエちゃんは、同じ量の水になると、同じ音になるって思ったんだね」スミエ「そうだよ」という会話にこのことは如実に表れています。科学にはたくさんの法則があります。幼い子どもでも体験したことをまとめて、法則化し、これを適用することができるのです。担任の子どもによる活動への価値づけがこの活動をより強固なものにしています。また、こうした法則化は子どもが事象の背後にある規則性を常に探っていこうとする学習態度を形成するように思えます。実際、このことは実践の最後にある担任の「水が音で揺れてることも気づいたね」という言葉で実証されます。

（森本信也）

○·············· 実践例　科学的思考法

幼児教育の視点

教師の用意した環境に取り組む

　教師が用意した環境に興味をもった子どもたちがまず、水の入ったグラスと入らないのとでは音が違うことに気づいています。この違いに興味をもったのを確認してから教師は翌日、意図的な試しができるように少し複雑な環境を用意しています。このことがこの事例のポイントといえるでしょう。しかし、まだ「高音、低音」という理解や表現までにはいたっていません。子どもたちはいくらおもしろいものであっても初めからそのおもしろさに到達するとは限りません。段階を追った方が良い場合もあります。この事例では前日におもしろさを体験した二人が音づくりをしています。教師は色別の水をグラスに音階になるように水を入れて見本を作っています。色水にしたことで量が見やすく、比べやすくしています。この工夫が一層楽しくもしています。また、澄んだ音色が、他の子との心地よい音の重なりが、指揮をとりたい気持ちにまで高めています。

　水の量によって音が異なる見本があることが、何回も試すおもしろさと張り合いになっています。教師自身も用意するのが楽しかったようです。この教師自身の楽しさと子どもたちも楽しむだろうという期待がこの活動を支えています。また、音と水の揺れに気づくよう導いているのは重要なポイントです。環境を用意する時には、教師自身も試し、その楽しさを体験することが望まれます。その体験が子どもたちの試しへの期待になり、おもしろさの共感になったものと思います。

（磯部頼子）

第2章

氷作りを通した物の性質や自然の仕組みへの気づき

5歳児

どっちも凍らない。なんで？

　　子どもが公園で見つけた氷に興味を持ち、冷蔵庫ではなく屋外で作ってみたいと思い、色々な材質のコップに水を入れたり、色水にしたり、コップを園庭の南側や北側へ置くなど、色々条件を変えて氷を作りました。

タイチ「公園の水溜まりで見つけたの。」
サユリ「触らせて。つめたい！」
　つぎつぎと触っては「つめたいね」「向こう側がみえる」などと言いながら触っていましたが、ついに溶けてしまいました。
サユリ「お水凍らせて氷作ればいいよ。」
ヒカル「そうか！冷蔵庫でできるもんね。」
サユリ「だめだよ。それじゃ。外で凍らせないと。」
ヒカル「そうか。公園で凍ってたんだもんね。冷蔵庫じゃ違うね。」
　ということで自分たちで凍らせてみようということになりました。子どもたちは「寒くなければ凍らない」ことや「水が必要」ということはわかっていますが、その先どうするかわからずに数人で担任のところに相談に来ました。
サユリ「先生、わたしたち外で氷作りたいんだけど。」
カナコ「どうしたらできるかわからないの。」
担　任「氷はどうしてできるんだろうね。あったかい時かな？」
ヒカル「寒くないとできないよ。だって今日寒かったもん。」
担　任「そうだよね。寒くないとね。昼間お日さまが当たっているところと当たっていないところでは夜になった時、冷たさは同じかな？」
サユリ「違うんじゃないかな？」

○……………… 実践例　科学的思考法

カナコ「同じじゃない？夜になったらお日さまないもん。」
担　任「じゃあ試してみる？でも今晩は寒いか暖かいか調べてみるね。」
　担任は「夜になって冷え込みが厳しくないとできない」ことを伝えてから天気予報で調べ、今晩は冷え込むので可能かもしれないことを伝えました。
　サユリとヒカルはプリンの入っていたプラスチックの容器とガラスビンに水を入れて園庭の北側の地面に直接置きました。
　カナコはサユリたちと同じものを用意して保育室前の南側のテラスの前に置きました。
　アキヒサはリュウタを誘って真水を入れたガラスびんと不透明絵の具で作った色水をガラスびんに入れたものを用意しました。アキヒサは「絶対にアイスキャンディーみたいのができるはず」といってそれらをサユリたちと同じ場所に置きました。

　翌朝登園するとすぐにそれぞれ昨日おいた場所に飛んでいって調べます。
サユリ「ビンは凍ったけどカップは凍らない。どうして？」
アキヒサ「僕たちは水は凍ったけどアイスキャンディーはできなかった。」
カナコ「あたしたちのはどっちも凍っていない。どうして？」
アキヒサ「凍ったけど上の方だけだよ。」
　それぞれに不思議さを感じながら担任に見せにきました。担任はそれぞれ考えて試したことを認め「よかったね」とか「残念だったね」と言いつつ「どうしてだろう」と投げ掛けました。しかし子どもたちから理由を導きだすのは時間がかかります。できれば思ったことが実現できるようにしたいと考えそれぞれについて凍らなかったと思われる理由を伝えることにしました。他の子の考えも広がるように試した子全員を集めて次のように説明しました。
　　・ガラスとプラスチックでは冷え方が異なること
　　・地面とコンクリートの上ではやはり冷え方が異なること
　　・水が多すぎると全部はなかなか凍らないこと
　　・不透明絵の具は冷凍庫なら凍るけど他では凍りにくいこと
　　・色水を凍らせるのなら透明の色水を作る必要があること
　以上のことを伝え、透明の色水ができる材料とビンは広口の方がよいのではないかと考え、広口を用意し、他にも興味をもった子が試したくなるのではないかと思い多めに

第2章

用意しました。
　幸いなことに今晩も冷え込むことを伝えるとそれぞれ今晩の試しのためのものの用意を始めました。

- サユリとヒカルはガラスビンに入れた真水は凍った満足があるので、今度は色水を凍らせたいということで赤と緑の色水をガラスビンに少量入れて、前回と同じ場所に置きに行きました。
- アキヒサとリュウタは真水は凍った満足があるので色水のみにしていました。青と黄色を作り、ガラスビンに半分以下にして、前回と同じ場所に置きました。
- カナコは今度は絶対凍らせたいといってハルナを誘い、真水と赤の色水をガラスビンに少量入れ、サユリたちの傍に並べて置きました。
- この活動を見ていた他の子どもたちもそれぞれ聞きながら自分たちの試しのものを作って、同じように並べて置いていました。園舎の北側の地面はさまざまなガラスビンが並んでいました。

　翌日の朝、登園した子どもたちは身支度を済ませると走って見にいきました。それぞれ「凍っているけど上の方だけだ」と言っていましたが、それでも凍っていたので「実験成功」と喜び合っていました。

（磯部　頼子）
ベネッセ次世代育成研究所「幼児の遊びに見られる学びの芽」より

科学教育の視点　　　　　　　　論理的に考えて実験する

　氷作りを通して、子どもが物質の性質や自然の仕組みについての気づきを深めていくのがよくわかる実践です。しかも、子どもの気づきは系統的であることがよくわかります。はじめは、氷作りは昼より夜が適している、ということです。「お日さまないもん」ということばで日照時間の違いからこうした指摘をします。このことはさらに発展します。園庭の北側は凍るけど、南側は凍らないというものです。物の性質についてもそうです。コップに水をたくさん入れると全部凍らない。コップの材質によって凍ったり凍らなかったりする。さらには、色水は透明にして量を少なくする、など条件を複合させて実験をしています。これらのことを科学的に説明するには高等学校の物理や化学の知識が必要です。例えば、水

○ ……………… 実践例　科学的思考法

は物を溶かすと氷になるときの温度が低くなる、物には温めやすさ冷やしやすさの程度が決まっているから、コップの材質で水の凍り方に差ができる等です。幼児はこのような知識を当然理解できませんが、園庭の場所による日照時間の違い、真水と溶かした物の違い、水の量による違い、コップの材質による違い等条件を整理しながら氷作りを楽しんでいます。観察や実験では論理的に考えを進めることが大切です。子どもにはその素地ができています。体験を通して子どもが学ぶもの大であることがわかります。教員の支援の賜です。　　（森本信也）

幼児教育の視点
原因が分かって再挑戦

　この事例はこの季節ならではの事例です。最近暖冬になってきているのでなかなか体験しにくくなってきていますが、天気予報を検討するとチャンスがみつかるかもしれません。最近は地域ごとの予報も詳細なものになっています。しかし、地域的には不可能なところもあると思われます。その地域ならではの季節感の体験ができるとよいでしょう。

　この事例は一人の子どもの行動がきっかけになっています。子どもは自分が発見し、感激すると大好きな人に伝えたくなります。このような子が多くいると他の子どもの経験も広がります。この事例では自分たちも試してみたい気持ちが強かったことと失敗したことの要因を担任が説明し、その理解ができたことが次の試しにつながっています。要因を自分たちで気づくという価値は大きいものですが、場合によっては気づくまでに相当期間を要したり子どもの力だけでは無理であったりすることもあります。本事例のように早めに教師が伝えることが次の主体的な取り組みにつながることも多いものです。この見極めが必要でしょう。

　「氷」は冷蔵庫でという子どもたちが多くなってきつつあるとき、自然の現象を肌で感じる体験は貴重です。季節に目を向けたり肌で感じたりしながらその季節ならではの体験をし、さまざまな気づきや発見に出合えることは貴重というほかはありません。都会では雪が降ることもまれになりました。教師のチャンスをとらえる感性が体験の豊かさにつながります。

（磯部頼子）

第2章

共通性を見いだす考えの芽生え

5歳児

シャボン玉のヒミツ　みーつけた！

【シャボン玉で遊ぶにあたって】
○ 様々な道具でシャボン玉ができるか試し、膜に風が当たればシャボン玉ができるという、できる原理に気づけるよう、息以外で風が起こせるうちわと、網やお玉、フライ返し、牛乳パックの輪切り、リングバトンなどの様々な枠のある道具を用意しました。
○ できるシャボン玉の形を予想し、試して作りながら、できるシャボン玉は丸であることに気づけるよう、針金で、三角、四角、ハート、星の幼児が作りたくなるような形の枠を用意しました。

① **みんな丸になってつまらない！**
ココナ「これハートだ。ハートのシャボン玉ができるかな？」
ミチル「私、星の形が作りたい！」
担　任「これで作ると、どんな形のシャボン玉になるかな？」
ココナ「う〜ん…」
ミチル「星になるんじゃない？だって星の形の枠だもん。」
担　任「星になるかねえ。楽しそうだね。」
ユ　ウ「いや、違うよ、丸になると思う。」
担　任「どうしてそう思った？」
ユ　ウ「だって、さっき指で三角作ってやった時、丸いのができたもん。」
担　任「そっかぁ。本当にそうかな？」
ミチル「やってみよう！」
ココナ　ハートの枠でやり、丸いシャボン玉ができます。
ミチル「あれー？あれー？」とできるシャボン玉が全部丸いので、驚いています。

○……………… 実践例　科学的思考法

ユ　ウ　「ちょっとみんな！最初の方は少し三角の形になるよ。でも、丸くなっちゃう。」
ミチル　もう一度、膨らみ始める形をよく見ながら星の枠で試します。「本当だ。最初はちょっと星だ！でも丸になるね。」
担　任　「すごいね、みんな。本当に最初はちょっと形ができるんだね。よく見つけたね。でも、丸くなっちゃうんだねー。」
ココナ　「な〜んだ、私ハートが作りたかったから、つまんない！」
担　任　「そうだね〜。ハートのシャボン玉、先生も作ってみたいな！」

② 膜に息（風）が当たるとシャボン玉ができるよ
　網を使ってシャボン玉作りをし、同じ場所を何度も吹いています。

ト　コ　穴がたくさんある網の一ヵ所を吹くと、1個しか出ません。「あれー？」と言い、網を見て、1個しか出ないことに疑問をもっています。
ト　コ　「もう一回やってみよう。」と何回か試し偶然隣の膜に息が当たると、何個か連続して出てきました。
ト　コ　「わあ！」と言い、今度は、膜を見ながらいろんな場所に息を吹きかけます。
ト　コ　「先生！こうやるとたくさん出る！」と興奮して伝えます。
担　任　「たくさん出る？」
ト　コ　「うん！たくさん出たの！」と再び、今度は一息で頭を動かしながら、いろんな場所に息を吹きかけると、たくさんのシャボン玉ができました。
担　任　「本当だ！膜のところを吹いたからたくさんでるようになったね！」

③ シャボン玉が分身した！
　うちわは、息以外でもシャボン玉ができることに気づけるよう用意しておいたのですが、幼児は予想と違う使い方をしました。
タクヤ　飛んでいるシャボン玉を、うちわで勢いよく扇ぎました。すると、1つのシャボン玉が小さくたくさんに分かれます。「シャボン玉が分身した！」と何度も繰り返しています。
ユウト　「え〜!?やりたいやりたい！」と、見ていた他の幼児四人も、同じことを試します。
担　任　「なんでこうなるの!?不思議だね〜!!」
　この発見を共に教師が面白がり、偶然のできごとが他の幼児にも広がり、偶然できた面白さの体験ができました。

第2章

④シャボン玉、持てたよ！

スミエ　泡立った手に偶然シャボン玉が乗りました。
ミチル　「スミエちゃんすごーい。」 周りの幼児三人も見る。
担　任　「スミエちゃんのすごいね。先生の手にも乗るかな？」と飛んできたシャボン玉をのせると割れ、「あれ？なんでだろう？」と不思議がります。
スミエ　「こうしないとダメだよ。」 と自分の手を見せ、
担　任　「手がブクブクだね。」
スミエ　「そう！」
　周りの幼児四人も手にシャボン液をつけ始めます。
スミエ　「そうだ！」 と言い、リングバトンを持ってきてバトンで膜を作り、膜に液のついた指を入れ、割れないか確かめています。
　　　　「やっぱり割れない…!!」
担　任　「泡の指だとやっぱり割れないね！」

（喜多川　千秋）

科学教育の視点
経験したことの法則化（ルール化）

　子どもは多様な道具を使って色々な形のシャボン玉を作ろうとします。そのとき、子どもは予想をもってシャボン玉を作り始めます。予想とは異なる結果を子どもは目の当たりにします。形を変えてもいつでも丸いシャボン玉が観察されます。もちろん、子どもには不満が残りますが彼らは、いわゆる一般化を目の当たりにします。何度やっても同じ結果がでること、これは科学的な知識が備えるべき条件です。子どもはシャボン玉の形について、科学的な知識を作り上げたと言うことができます。膜に息を当ててシャボン玉を作るときにも、何度も同じ結果を生み出しています。ここでも同じ原理による活動が行われています。その次の分身、持てたもすべて同じです。色々な活動を試し、これらを一つの原理にまとめる考え方が、ここでは育ちつつあります。子どもの遊びの中に、重要な思考活動が潜んでいます。

（森本信也）

○............... 実践例　科学的思考法

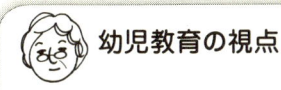

幼児教育の視点

友達の発見を自分でも確認

　教師は、用具によってシャボン玉のできかたが異なること、用具とできるシャボン玉の関係に気づいてほしいこと、また、シャボン玉の形を予想して、様々に試しながら不思議さやおもしろさを感じてほしいなどと思って環境を整えています。針金で三角、四角、ハート、星などの形を作ったところ、子どもたちはそれぞれの形のシャボン玉ができるものと期待して試していましたが、どれでやってもできるシャボン玉は○であることに気づきました。しかし、どうしてもその形になってほしい子どもは「枠についているときは枠の形になっている」と気づき、瞬間であっても満足したようです。

　子どもたちは、用意された用具で「今度は」と意識をもって意図的な取り組みをしています。教師は、シャボン玉は風を与えることによってできることと風によって遠くまで飛ぶこと等を考えて団扇を用意しています。一人の子が大きめにできたシャボン玉を勢いよく扇いだところ、いくつかの小さいシャボン玉に分かれました。「シャボン玉が分身した」と何回も試しています。それを見た他の子も試し、確認していました。一人の子の気づきが他に広まっていく、まさに協同的な学び、学習といえるでしょう。集団ならではの効果です。この事例では、意図的に環境を用意し、様々な場面で「本当だ、膜のところを吹いたら…」「なんでこうなるの？」「星になるかね、楽しそうだね」「最初はちょっと形が…」など適切な言葉をかけている教師の存在がポイントでしょう。そのことが子どもたちの試しを促しています。

（磯部頼子）

第2章

予想をし、検証する活動の芽生え

5歳児

なかなか穴が合わないの

　木製の積み木を使ってビー玉をより遠くまで転がすコースを子どもが協力しながら作っていきます。長いコースを作るために、子どもは積み木の高さを調整したりします。

　ハナコは、木製の積み木を使ってビー玉を転がす通路を作っています。
　ハナコは、一人でAとBを使って高さを合わせながら段々に低くしていきます。そこにCを組み合わせ、できるとビー玉を転がしてみます。ビー玉は、Cの穴同士が少しでもずれると通り抜けません。ビー玉がつかえると黙って穴を調整します。
　担任が来てしゃがんで見ていると、「ここのところが合わないとだめなんだよ。そこが難しいの。」と言います。担任が「合わせるの難しそうね。すぐに動いてしまうし。」と言うと、「そうなの。でもわたし、大丈夫だよ。上手だから。」と言いながら手元をじっと見ています。

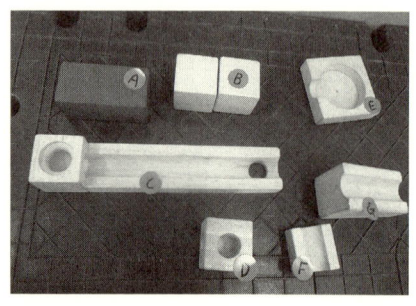

　そばでサトミも同じ積み木を使って自分の場を作っています。ハナコはできるとビー玉を転がしてみます。最後まで転がってビー玉が遠くにいってしまうと追いかけていって拾い、Gの斜面状のものを置き、最後にEをつなげます。もう一度、一番上からビー玉を転がすと最後にEの中に落ちました。にこっと笑い、Cの上にFを重ね、トンネルのようにしていきます。ひとつ終わるとビー玉を転がし、トンネルから出てくるとにこっとします。
　すぐに全部の通路にFをかぶせていきます。
　全部にかぶせ終わると、ビー玉を一番初めから転がします。トンネルをくぐって最後

にEにポトンと落ちると手をたたいて喜びます。
　何回かするうち、真ん中辺りがずれてきたので直そうとしましたが、手元が狂ったのか、崩れてしまいました。
　全部を崩し、もう一度始めから作り出そうとした時、サトミがいるのに気づきます。

ハナコ「サトミちゃん、わたし失敗しちゃったの。一緒にしていい？」
サトミ「いいよ。」
ハナコ「じゃあ、サトミちゃんのところにつなげる？」
サトミ「うん。」

　サトミに提案が受け入れられ、二人でつなげ始めました。一人がAやBを積むともう一人がCを乗せます。その時、よく見て押さえています。一人の時より効率よく進みます。

担　任「二人で作ることにしたの？」
ハナコ「うん、わたしのがこわれちゃったから。」
担　任「そう、よかったね。先生も別々より一緒の方がいいなって思っていたの。よかった。」
ハナコ「わたしがこれ積むと、サトミちゃんがこれ乗せて、わたしが押さえているから動かないの。」
担　任「そう、力を合わせているから早く進むのね。よかったね。」
　担任にそう言われて二人はうれしそうに笑い合っていました。
　基本の部分が出来上がると、
タカシ「ねぇ、こっちから分かれるのはどう？」
サトミ「いいよ。」
ハナコ「じゃあ、わたしこっちするね。」　と言って分かれ道を作り始めました。
　サトミはビー玉を転がしては試しています。出来上がると二人でそれぞれ試し始めますが、
サトミ「もう少し長くしたい。」
ハナコ「いいけど。もっと高くしないと。」
サトミ「難しいよ。」

第2章

ハナコ「そうだね、どうする？」
担 任「すてきなのができたわね。でも残念だけどもう片づけないと。」
ハナコ「本当だ。片づけの時間だ。」と時計を見て言いました。この日は、11時半には片づける約束でした。
ハナコ「ねぇ、明日またする？今度は始めをもっと高くしてさ。」
サトミ「うん、そうだね。明日は始めをもっと高くすればいいよね。」
担 任「もっと高くしたかったの？」
ハナコ「そうじゃなくて、もっと長くするのには高いところからしないとだめなの。」
担 任「へぇ、そうなんだ。大事なことに気が付いたのね。明日たのしみ。」
　二人は顔を見合わせて笑っていました。

（磯部　頼子）品川区立伊藤幼稚園にて

科学教育の視点　　　　　　　　　推論によるエネルギーの理解

　この実践の成果は担任と子どもとの次の会話に如実に表れています。ハナコ「ねえ、明日またする？今度は始めをもっと高くしてさ」サトミ「うん、そうだね。明日は始めをもっと高くすればいいよね」担任「もっと高くしたかったの？」ハナコ「そうじゃなくて、もっと長くするのには高いところからしないとだめなの」。ただコースを長くするだけではビー玉は転がりません。長い距離、転がすためにはエネルギーが必要です。子どもは直感的に高くすればよいことに気がつきます。積み木の空間的な構成を変えながら、子どもはビー玉をより長く転がす工夫をしています。ビー玉が転がる原理を理解し、これを技術的に実現しようとしているのです。これは、予想や仮説を立てて実験をするときの論理と同じ構造を見ることができます。それは、「もし〜だったら（したら）、〜になる」という構造です。「もし、コースを高くすれば、ビー玉はより遠くへ転がる」です。このような思考の芽生えは科学教育の基礎として非常に有用です。是非育んでいきたいと思います。

（森本信也）

○……………… 実践例　科学的思考法

幼児教育の視点
　　　　　　　　　　　　　　　　　一人よりも二人の方がよいことの実感

　このような遊びはどちらかというと、男の子が遊ぶことが多いように思われますが、ハナコはこの遊びのおもしろさを以前に体験していたのではないかと思われるくらい集中して取り組んでいました。また、どれとどれを組み合わせると自分の求める高さになるのかという理解もできていたようです。そのために一人でも十分楽しんでいたようですが、崩壊してしまった時には、やはり気落ちしたのか、友達に目が向いています。

　また、担任が「そうよかったね。先生も別々よりも一緒の方がいいなって思っていたの。」と認めたことが二人のかかわりを深めたものと思います。その後のハナコの動きを見てもサトミの存在を気にかけた動きが多くなっています。

　ここで大事なことは「道を長くするのには、始めを高くしなければならない」ということに気づいたことです。この構成は段々に低くしていくわけですから当然といえば当然ですが、構成しながら自分たちで気づいたことに大きな価値があります。また「片づけ」の時間を担任に言われただけでなく、自分で時計を見て確認、納得していることは、大事な行動です。段々に時刻を気にかけながら生活できるような状況を作っていくことも必要になってきます。二人は翌日の遊びの目当てを確認し合っています。きっと満足のいく構成ができたことでしょう。担任の言葉も励みになったことでしょう。

（磯部頼子）

第2章

❖ 算数学習の素地

数の考えの誕生

5歳児

いくつあったかな？

【学級の実態と担任の思い】
　年少の２月に、グループでジャガイモを植えました。（１グループ四人ずつ）年長になり、毎日世話をしていたジャガイモが大きく育ってきたので、グループごとに抜くことにしました。
　担任はこの日の朝、学級でグループごとにジャガイモの収穫をすることの話をしました。自分たちで時間を決めてこの日のうちに掘り起こすことを伝えます。グループは年長になって変わってしまいましたが、植えた時の仲間でジャガイモの掘り起こしをすることにしようと約束をします。担任はいろいろなことに自分たちで気づいてほしいと考え、やり方等についてはそれぞれのグループに任せることにして、見守ることにしました。

　Aグループは話を聞くとすぐに仲間を集めて保育室から園庭に出ていきます。
シオリ「大きいのができているといいね。」
アスカ「いっぱいあるといいね」と、
　靴を取り替えながら話しています。
ケンタ「周りから掘ればいいかな？」
カズキ「シャベル、持って来るね。」
シオリ「えー、シャベルで掘るの？」
カズキ「うん、だめ？」
シオリ「だってー　傷ついちゃうよ。」
カズキ「そっか、じゃあ手で掘ればいいのかな？」　とシオリの顔を見る。シオリがうなずくと、四人はプランターの周りにすわり、手で掘り始めました。
アスカ「あっ、見えてきた。大きいよ。」
ケンタ「本当だ。」

シオリ「小さいのもあるよ。」とジャガイモを取ると苗が傾きます。
　カズキは苗の根元を持って抜き始めます。
カズキ「わぁーすごい。こんなにくっついてきた。」と大きな声で言うと,
ケンタ「本当だ,すごいね。いっぱいある。1、2、3…」とジャ
　　　ガイモの数を数え始めます。
カズキ「もう一回数えよう。」と言い、四人は順番に一つずつ
　　　根からはずしながら数えます。
カズキ「10個もついてるよ。」とうれしそうです。
アスカ「あっ、見て、見て。まだあるよ。」と土の中を指差し
　　　ながら言い、
シオリ「もっと下まで掘ってみよう。」と言うと、カズキとケンタもまた一緒に掘り始
　　　めます。
ケンタ「すご〜く小さいよ。見て。」と、小指の爪ぐらいの大きさのジャガイモを見つ
　　　けて大きな声で叫びます。
　Aグループの様子を見ていたBグループやCグループも、同じように手で掘り始め
ました。3グループはどのグループも土の中から大小様々な大きさのジャガイモを掘り
出し、かごの中に集めます。すると、BグループのチハルがAグループのカズキに話
しかけます。
チハル「ねぇ、いくつ取れたかな？」とジャガイモを指差しました。
カズキ「数えてみる？」と近くにいたケンタやシオリ、アスカにも言い、テラスでか
　　　ごからジャガイモを出しました。
チハル「並べっこしてみようか。」
ケンタ「いいね」と言い、横に一列に並べていきました。
シオリ「すごい、こんなに長くなったよ。」
チハル「数えてみよう。」
カズキ「1、2・・・45、46・・60、61・・85」
チハル「1、2・・39、40・・・71、72・・87」
ケンタ「1、2・・・54、55・・・84、85、86」
アスカ「あれ〜、何回数えても、違う数になっちゃうね。」と、五人は何回も数えまし
　　　たが、なかなか数が合いません。
シオリ「どうしてかな？」と腕組みをしながら頭をかしげています。
カズキ「なんだか、分からなくなっちゃった…」
チハル「そうだ、10個ずつにしたらどう？」とアイディアを出すと、

第2章

カズキ 「いいね、そしたらすぐわかるよ。きっと。」
ケンタ 「じゃあ やってみよう。」
チハル 「10個ずつね。」
アスカ 「数えながら並べていくよ。いい？」 と声を出して数え始めました。
シオリ 「1、2・・9、10。次の列ね。」
　　すると、他の四人も声をそろえて一緒に数え始めました。
　　大きな声で数えているのでクラスの友達も集まってきて、五人を囲み、担任もやってきて 「数えられた？」と声をかけました。
チハル 「あのね、いい方法を考えたんだ。」 と10個ずつ並べるやり方を担任に教えると、
担　任 「すごいね、いい考え思いついたね。」
シオリ 「うん。だって前にゲームでやったもん。10個が8個と、あと6個だから、全部で86個あったよ。」
ケンタ 「ねぇ、ねぇ、今度は大きいのと小さいのとでわけっこしようよ。」
カズキ 「おもしろそう。」
アスカ 「じゃあ、あたしは小さいの集めるね。」
ケンタ 「じゃあ、ぼくは大きいの集める。」 と言いながら、みんなで大小別々に10個ずつに集めて並べていきました。

(難波　和美)

科学教育の視点

数の理解

　ここでの実践には子どもが数の必要性を感じていく過程が克明に示されていると思います。

　はじめは、掘り出したジャガイモがたくさんあったことからならべっこする活動に始まります。たくさんある→並べると長くなる→数えてみればわかる、という順序で子どもは数で比べる必要性を実感していきます。しかし、グループ毎で違う数になることから、子どもの認識が変わります。その転機は「10個ずつにしたらどう？」というアイディアにより訪れます。10個が8個であと6個だから、86個という正しい数の認識に至ります。10個のかたまりとあと1個、2個…という数え方は「十を単位とした数の見方」や「一の位」「十の位」という数についての考え方の芽生えです。5歳児でもこうした考え方に至るのです。

数の大小を決めることは、ものとものとを1対1対応することからはじめます。これができたら「いち、に、さん」という数詞を当てはめ数を導入します。さらに、数はいくつかの数からなる、例えば、5は2+3、さらにはこの実践にあるように12は10個のかたまり一つと1が2個、というよう数の意味が深まっていきます。この順序性を子どもは追体験していると思います。さらに、このことは算数教育で大切とされる、「筋道を立てて考え、表現する能力」「算数的な活動の楽しさや数理的な処理のよさへの気づき」等の目標実現の素地になります。

（森本信也）

幼児教育の視点

過去の経験を生かして活動する

　ジャガイモやサツマイモなど土の中にあるものを掘り起こすのは、見えていないだけに楽しみなものです。特に4歳児の時に種芋を植え、世話をしてきた子どもたちにとってはなおさらのことでしょう。掘っている時の子どもたちの歓声や表情が事例からも伺えます。

　5歳児ともなればジャガイモがいくつ掘れたか数えたくなるのは当然の行動といえますが、ある程度の量を越えるとわからなくなるのもまた当然でしょう。事例では「10個ずつに」というアイディアが出され、みんなが了解して作業に入っています。「前にゲームでやったから」と経験したことが生かされています。このクラスではじゃんけんで勝ったらカードをもらい、負けたら渡すというゲームをし、チームのメンバーの手持ちカードを集めて数える時に教師が「10ずつまとめる」方法を提示したようです。このことを何回も数え直しているうちに思い起こしたようです。また他の子も経験したことがあるので提案を理解し、すぐに受け入れられたのでしょう。

　さらにいくつ掘れたかわかると、別の視点から仲間分けを始めています。はじめに並べる、数える、まとめる、仲間分けをする。まさに自分たちで算数の学習をしているといってもよいでしょう。このように自分たちで次々と課題を見つけ、考え、行動していけるような状況や場面を作ったり提供したりしていくことが教師の役割といえるのではないでしょうか。

（磯部頼子）

第2章

数についての多様な考え

5歳児

今度はどうやって数えようか

【ルール】
- 赤白2チームに分かれ、目の前に置いてあるカードを自分のチームの色を多くした方が勝ちである。(今回は初めてなので遊戯室で行う)
- カードは裏表が赤白で1枚になっていて、裏返すと色が変わるように作ってある。(段ボールの台紙に赤白の画用紙が貼ってある)
- 赤白同じ枚数のカード(25枚ずつ)を床に置き準備し、スタートの合図で赤チームは赤を多く、白チームは白を多く裏返すゲームである。
- 終了の合図で自分の陣地に戻る。

担 任「赤チーム、白チームとも、準備はいい？では1回戦、ヨーイドン！」という担任の合図で、両チームとも必死で自分のチームの色に変えていきます。
　担任が合図の笛を吹いて終了です。
担 任「どっちが多いか、数えてみよう。どうやって数えたらいいかな。」
マコト「1、2ってみんなで数えればいいよ。」
担 任「それじゃ、赤チームはここに置いて。白チームはこっちね。」
　と言うと両チームとも集めてきてバラバラに重ねます。
担 任「白チームから数えるから大きな声で数えてね。」
みんな「1、2、3・・・・22」
担 任「白チームは22、今度は赤チームね。いい？」

みんな	「1、2、3・・・28」
担　任	「赤チームは28でした。だから、赤チームの勝ち。」
ナオト	「もう1回やりたい。」
担　任	「みんなはどう？」
みんな	「やりたい。」というので2回戦目を行います。

　2回目になり、動きも早くなってきました。終了の合図を聞くとすぐに自分の陣地に戻りましたが、数名はどっちが多いかその場で立って見ています。

担　任	「早く戻らないと、反則負けになっちゃうよ。」と言われ、すぐに陣地に戻ってきます。
担　任	「今度はどうやって数えようかな。」
アユミ	「違う数え方のこと？」
担　任	「さっきと同じじゃ、おもしろくないでしょ。」
モモコ	「並べっこするのはどう？」
担　任	「並べっこ？赤チームのカードと白チームのカードをここに並べて置くってこと？」
モモコ	「そう。」
担　任	「みんなもそれでいい？」と聞くと「いいよ」という答えが返ってきました。
担　任	「じゃあ、みんなで集めてきて。でもズルをしたら反則負けだからね。」
みんな	「うん、わかった。」
担　任	「それでは、間違わないように集めてきて。よーい始め。」
担　任	「じゃあ、順番に並べるよ。」と言い、子供が集めてきたカードを赤白一緒に1枚ずつ並べていきます。
マコト	「おんなじくらいかな。」
アユミ	「あと何枚残ってる？」と自分のチームのカードの枚数が、気になるようです。両チームとも最後の1枚を置くと、
モモコ	「あっ、一緒だ。」とモモコが叫ぶ。他の幼児も口々に「一緒だね」と言い、周りに集まってきます。
担　任	「見えないから、自分の陣地に戻って。一緒に数えてみよう。」と言う。

　2列に並んでいるカードは目で見てもわかるが、確認の意味も込めてみんなで声に出して数えることにしました。

担　任	「いい、数えるよ。1、2、3、4・・・25」
マコト	「やっぱり一緒だね。やった～」
モモコ	「もっとやりたい。」
みんな	「やりたい。」と言うので3回戦目を行いました。
担　任	「準備はいい？ヨーイドン。」

　様子を見ながら、担任は終了の合図の笛を吹きます。

第2章

ミホコ 「なんか、赤の方が少ないみたい。」と目で見た印象を言っています。
担　任 「今度はどうやって数えてみる？」
ナオト 「あのさ、重ねてみるっていうのはどうかな？」
アユミ 「おもしろそうだね。そうしてみよう。」
担　任 「それじゃあ、集めてきたらここに重ねてみてね。」
モモコ 「なんか、白が高くなってきたよ。」
ミホコ 「やっぱり、赤が負けちゃった。」
担　任 「数えてみるよ。」
ナオト 「えー、数えなくたって白のほうが高いから白の勝ちだよ。」
担　任 「何対何か、数えてみようよ。白が何枚勝ったかわかるでしょ。」
ナオト 「わかった、いいよ」と言い、みんなで数えました。
　結果は、赤19 対白31 でした。
モモコ 「あーおもしろかった。」
ミホコ 「いろんな数え方があるのね。」
マコト 「おれね、重ねるのがおもしろかった。」
ミホコ 「私は並べっこの方がおもしろかったな。」
担　任 「いろいろな数え方ができたわね。他にも数え方、あるかしら？次にやるときまで考えておいてね。」
担　任 「今日はこれでおしまいね。今日は1回戦は赤、2回戦は引き分け、3回戦目は白の勝ちでした。」

（難波　和美）

科学教育の視点

数や計算の理解

　ゲームを通して子どもは数についての多様な考えを身につけようとしているように思えます。始めはオーソドックスに「個数や順番を数える」活動をしています。「いち、に、さん」という数詞を物と1対1に対応させて物の個数を調べようとする活動です。二番目の活動は、モモコ「並べっこするのはどう？」という言葉から始められます。非常に優れたアイディアであり、これを価値づけた担任の評価は特筆すべきです。ここでは数を数えるのではなく、「個数を比べる」活動です。比べる物同士を1対1に対応させればどちらが多いかが一目でわかります。ここでは、偶然同数になったのでまさに一目瞭然です。もし、差があれば残りの部分だけ見ればどちらが多いかがわかります。三番目の活動もこれに似ています。カードを重ね、高い方を見ればわかるというわけです。数という

○⋯⋯⋯⋯⋯ 実践例　算数学習の素地

と数詞を覚えさせたり、足し算や引き算を教えるなど、大人は子どもを早急に記号レベルへ引き入れようとします。しかし、二番目の活動を見てみましょう。子どもは1対1対応をさせ、残りの部分だけに着目すればどちらが多いか直観的に把握しています。これは、引き算です。小学校で引き算の考え方を学習しますがこのような活動がその素地になることは言うまでもありません。抽象的なルールを子どもに教える前に、このような活動の中を充分体験させることが彼らの育ちにとっていかに大切かが明らかです。

(森本信也)

幼児教育の視点

様々な方法で比べる活動

　ルールのある遊びで、相手チームのカードを自分のチームの色に変えていく、いわゆる「オセロゲーム」を変形させたものです。このゲームでは、周囲を見渡し、相手チームのカードを見つけて素早く裏返さなければならないのですが、すぐにまたひっくり返されてしまいますので、一回裏返せばいいわけではありません。「見つける」「素早い行動」を何回も繰り返さなければなりませんので、集中力と持久力が求められます。また、勝負に勝ちたいという意欲も大きな支えになります。チームワークは、一人一人の意識と努力ということになります。なかなか自分がやったという成果は残りにくいのですが、スピード感があり、楽しいものです。

　このゲームでは、勝敗の結果の確認の仕方が様々体験できています。1回戦目は、全員で1枚ずつ数えています。担任は同じ数え方でなくしたい意図を伝えています。子どもから「並べっこ」という案が出されたのはすばらしいことです。どこかで体験した成果ではないでしょうか。また、3回目は「積む」という提案。これもすばらしいことだと思います。日常から担任が様々な考え方や工夫を示したり、要求して取り入れたり、承認したりしてきたことが、子どもたちが様々な提案を安心して出せる状況を作り出しているのでしょう。5歳児では、楽しかった経験や様々な方法を取り入れることの必要感やその良さの体験を積み重ねておくと、状況に応じて思い出し、活用できるようになっていきます。常日頃からの担任の姿勢が大きな影響を及ぼします。

(磯部頼子)

第2章

数の考えの芽生え

5歳児

これで10個だから…

学級全体の活動で金貨ゲームを行いました。
【金貨ゲーム】
① 2チームに分かれて一人2枚ずつ金貨を持ちます。
② 相手チームを見つけてじゃんけんをします。勝ったら相手から金貨を1枚もらい、負けたら相手に金貨を1枚渡します。
③ 持ち手の金貨がなくなったらそれぞれのチームの銀行から金貨を取り、再び勝負します。
④ ゲームの終了でチームの金貨を銀行に集めます。
⑤ 金貨の数を数えて多いチームの勝ち！

担　任「ピーッ。そこまで！それじゃ、チームの一番前にいる人はチームの金貨を持って来てください。」
　二人の幼児がそれぞれのチームの金貨のかごを持って前に出てきます。みんなで一緒になって金貨を1枚ずつ数えていきます。かごから出した金貨は、玉子パック(10個入れ)の中に入れていきます。全部数え終わった後、担任が改めて数を知らせました。
担　任「黄色チームが（金貨が全部入った玉子パックを1つずつ数えながら）10、20、30、40、50、（最後余った分を1枚ずつ数え）1、2、3、4、5、6、玉子パックが5つと残りが6枚だから、56枚！ピンクチームは（同様に）10、

20、30、40、(最後余った分を1枚ずつ数え)1、2、3、4、玉子パックが4つと残りが4枚だから、44枚！ (黄色チームとピンクチームの金貨を並べながら)56枚と44枚でどっちが多いかな？」
子ども達「黄色。」
担　任「そうだね。黄色チームの勝ち！」
子ども達「やったー！」

　翌日、好きな遊びの中で六人の幼児が三人ずつ2チームに分かれて金貨ゲームをして遊んでいました。1回戦が終わり、チームごとに金貨を集め、数えています。
タイセイ「1、2、3、4・・・23枚！」
シャナ「1、2、3、4・・・27枚！勝ったー！」
カナト「ぼく、3枚しか取れなかったけど、シャナちゃんがたくさん取ってくれたからぼくたちのチーム勝てたんだ！今度は僕も頑張るよ！」
　2回戦が終わり、また金貨を数え始めました。
タイセイ「1、2、3、4・・・(1枚ずつ数えて玉子パックに入れていく。)」
カナト　(玉子パックにどんどん金貨を入れていく。)
タイセイ「あ、ダメだよ！」
担　任「どうしたの？」
タイセイ「金貨数えてるのにカナトくんがどんどん入れちゃうんだ。一緒に入れないとわからなくなっちゃうのに…」
担　任「そっか、タイセイくんは1枚、1枚一緒に数えていきたかったんだね。カナトくんはどんどん入れても数、わからなくならないの？」
カナト「うん。」
担　任「すごいね、どうして？」
カナト「だって、これ(玉子パック1個を指さす。)で10個だから…」
担　任「そっか、これで10個なんだ！すごい発見だね！」
カナト「全部入れて最後に数えればわかるよ。」
担　任「最後にどうやって数えるの？」
カナト「10、20、30…って。」
担　任「そっか、それはいい考えだね。その方が早く数えられそうだね！タイセイくん、どう？」
タイセイ「え…いいけど。」
　担任もタイセイのチームに入り、玉子パックに一緒に金貨をどんどん入れていきまし

た。両チームの金貨が入れ終わったところでそれぞれの玉子パックを並べて数を確認します。

担　任「10、20と1、2、3、4、5、6、7、27枚！　10、20と1、2、3、23枚！すごい！こんなにたくさんの金貨だったのにもう数え終わっちゃったね！」

　後日、学級全体の活動で再び金貨ゲームを行いました。金貨を数える際、カナトの数え方をクラスのみんなにも知らせました。

担　任「金貨、たくさんあるから数えるの大変だよね。でも、この前いいことがわかったんだ！」
カナト「これ（玉子パック）が一つで10個なんだ。」
担　任「だから後で10、20…って数えていけばいいんだよね！大発見、みんなも教えてもらってよかったね！」

（髙野　悠）

科学教育の視点

10の単位の理解

　数の概念、すなわち成り立ちを子どもが発見していく興味深い活動がなされています。金貨の数を数えやすいように担任が用意した10個入り卵パックを利用する方法が、始め子どもには曖昧であったように思えます。この方法をもう一度タイセイくんとカナトくんが模倣することでその意味が明確になっていきます。タイセイくんは卵パックに金貨を凹みがなくなるまで、金貨と凹みを1対1で対応させるかのように入れていきます。まだ、パックが10の塊であることをよく理解できていないように思えます。

　一方、カナトくんは機械的に金貨を凹みに入れていきます。パックが10の塊であることを既に理解しているからです。このことをあまり理解できていないタイセイくんの戸惑いが、彼に10を単位に数えることの意味と合理性を理解する機会をもたらせます。卵パックに金貨を「全部入れて最後に数えればわかるよ」

「最後にどうやって数えるの?」「10、20、30・・・って」という会話がこのことを物語っています。クラス全体にこの考え方を知らせることで、10の単位で数を数えることの有用性が子どもに理解されます。数の概念の基本が子どもの遊びの中に芽生えています。

（森本信也）

幼児教育の視点　　　　　　　　　　物を10にまとめて数える知識の獲得

　この事例では、教師が意図的に数えやすいように10個入る玉子用のパックをたくさん用意しています。初めは1個ずつ数えながら入れる方法を教師と共にしていましたが、数えながら入れなくても「全部の凹に入れれば10個」であることに気づき、無造作に入れても大丈夫であることを主張しています。

　教師は、初めから教えずに子どもに気づいてほしいと思って、パックを用意しています。このように教師が意図をもって用意することが子どもの気づきを引き出すためには大切なことです。また、かたまりで「10、20、・・・」と数えることができることを体験を通して学んでいます。

　さらに、このようなチームに分かれて対戦するゲームでは、自分の力と友達の力を合わせた結果がチームとしての戦果になることにも気づきます。

　その結果、自分以外の人の存在の必要性も実感できますし、自分のチームへの役立ち感も実感できます。このようなゲームは、自他の存在感や自他の力を理解するチャンスとなります。往々にして「勝ったか負けたか」だけを伝えて終わりにしてしまうことがありますが、一人一人の存在の意味を伝える機会にしたいものです。『勝敗』はゲームをおもしろくする要素のひとつであり、次への励みにもなります。この『勝敗』のもつ機能を十分に活用することが、勝つための工夫や協力などゲームをおもしろくするだけでなく、育ちに必要な体験を可能にします。

（磯部頼子）

第2章

立体図形の考えの芽生え

5歳児

鬼の製作「どうやったら立つかな」

　2月3日の節分に幼稚園全体で豆まきをするために、年長児にはグループで大きな鬼を作る課題が出されました。鬼はダンボールを利用して作ります。また、鬼には子どもが投げた豆を集めるためのカップも取りつけます。カズキ、ヒロハル、ヒロシ、トモヤ、ダイキの五人は、互いの意見を言い合いながら鬼作りを始めました。安定感のある鬼作りです。

1日目
カズキ「ぼくは青い大きい鬼がいい。」
ヒロハル「投げた豆がたくさん集まるといいよね。」
トモヤ「豆が集まったら食べられるね。」
ヒロシ「大きい箱がいっぱいいるね。」
担　任「どんなオニを作るのか、ここに絵を描いて見たらどうかな。そうすると先生もどんな材料が必要かわかって明日用意できるけれど。」といって紙を提示しました。
ダイキ「設計図だね。ぼく描きたい。」とすぐに紙を手に取り、ダイキの周りに、四人が集まりオニの絵を描き始めました。

2日目
　カズキが家から長方形の大きなダンボールを2つ持ってきました。また、以前から貯めてあった空き箱やダンボールなどを選びやすく用意しておきました。
　カズキ、ヒロハル、ヒロシ、トモヤ、ダイキがダン

○……………実践例　算数学習の素地

ボールを組み合わせながら鬼の本体を作り始めました。
　ヒロハルはカズキの持ってきた長方体の大きなダンボールを足にしようと提案してその上に同じ大きさの空き箱を積み上げて足にします。
　ガムテープで接着して胴体にするダンボールにつける。トモヤとヒロシが顔や首にする空き箱を持ってきます。
　担任は昨日描いた設計図を子ども達が制作している近くに貼って
担　任「足と顔が出来たね。次は何をつけるの？」
ダイキ「手（腕）はこれだよ。」　と細長い箱を見せます。
　五人で箱を組み合わせながら胴体部分に頭・腕・足がつくと
カズキ「立たせてみよう。」といって持ち上げます。
ヒロハル「あ、後ろ側がばらばらだ。」と裏側にガムテープがないことに気づきます。
　ガムテープを貼りなおして再び組み合わせたダンボールを立たせようとしますが、足のダンボールが細く、安定せず倒れそうになりました。
担　任「どうして、ゆらゆらするのかな？」
　と問い掛ける。子どもたちと担任、しばらくの間鬼を支えながら考える。
担　任「ここをしっかり押さえるとどうかな。」
　と足の部分を支えて試してみせます。
ヒロハル「そうだ、ここにもうひとつ箱をつけよう。」
　と、足の部分に箱を補強することで安定性が増すことに気づきます。箱を持ってきて足の部分を太くすることで安定して立つようになると「やった！よっしゃ！」と歓声が上がりました。

3日目
　担任と絵の具を用意してダンボールに着色をしながら、
担　任「ところで豆を集めるって、どうするの？」
トモヤ「いい考えがあるんだ。」
ヒロハル　嬉しそうにプラスチックカップを見せて、「ねー！これをいろいろなところにつけると豆が入ると言う仕掛け！」　と得意げに見せます。

第2章

4日目

　青く塗りあがった鬼に、カップをつけていると

ダイキ「金棒もあったほういいよ。」

　とペットボトルを組み合わせたものを持ってきて鬼の腕につけると、鬼が傾いてしまいました。

カズキ「こっちが重くなるから持てないよ。」

担　任「そうね、両方に金棒をづけないとバランスが取れないのね。」　と言うと、両方につけるのはおかしいということになり、

　相談の結果、金棒は鬼の近くにおくことにし、鬼顔、角、パンツなど仕上げをして鬼を完成させました。

（大澤　洋美）

科学教育の視点　　　　　　　　　　　　　　　　　立体感覚

　ダンボールを組み合わせて子どもが作品を作ろうとしています。もちろん、平面や立体について幼稚園の子どもは視覚的に違いを捉えることはできますが、その概念は十分作り上げられているとは言えません。立体図形を算数では小学校1年生から学習します。このときの学習では「箱の形」「ボールの形」等身の回りにある具体的な物の形に例えて立体図形を表現させ、その気づきの始まりとしています。また、このとき、子どもには前後、左右、上下等の言葉も教えます。

　この実践に目を向けてみましょう。ダンボールで鬼の足を作る時、ダンボールを重ねて、つまり上と下、あるいは左右を見ながら体の基礎を作り上げようとしています。手を作るときも同じです。また、体の裏側の補強にも目を向けています。こうして、子どもは自然と上下、左右、前後という図形の基本的な見方を身につけようとしています。鬼を作りたいという子どもの願いと、この願いを受け止め、確実に実行させようと支援する教師の思いがこうした考え方の素地を自然と形成しているように思えます。

（森本信也）

○............... 実践例　算数学習の素地

幼児教育の視点

困った、相談、解決を知り返して完成へ

　園全体の行事での自分たちの役割を理解して活動しようとしています。全体の目的実現に向けて、自分たちは何をどのようにするのか、自分たちの目当ても五人が共通のものとしています。そのために、誰かの言葉に対して自分の考えをつなげる会話ができています。

　この活動の過程では、イメージしたものを平面に表す、平面に表したものを立体で実現するという5歳児ならではの姿が見られます。しかし、実際には実現するための材料、それらを組み合わせた時のバランス、イメージ通りにする困難さ、妥協せざるを得ないなど場面場面での遭遇がありました。

・胴体と足のバランスが悪くて立たない
→担任のアドバイスで「ここにもう一つ箱をつけよう」と解決。
・担任「豆を集めるって」
→「いい考えが」「いろいろなところにつけて」と担任の疑問にはすぐに答えて
・鬼の金棒がつけられない
→相談の結果、鬼の近くに置くという妥協策

　この活動で立体にするには「バランス」がポイントということに気づいたのではないでしょうか。「鬼が立たない」「金棒を持たせると傾いて立たない」などの場面に遭遇したことは大事な体験だったことでしょう。また、頭で考えたことと実際にしてみた時の違いも実感できたのではないでしょうか。豆まき当日は、しっかり立った鬼が年少児に人気だったのではないでしょうか。得意そうな顔が浮かびますね。

（磯部頼子）

第2章

物の体積の考えの芽生え

5歳児

そうか！もしかしてお風呂のときと同じ？

　降園の前、担任はイソップ寓話の「のどのかわいたカラス」の話を読み聞かせました。子どもと担任は話の中身について話し合いをする中で、次第に物の体積について気づいていきます。

> **あらすじ**　歌うのが好きなカラスは歌いすぎて喉が渇き、水が飲みたくなりました。しかし、近くに川や湖などの水場が近くにありません。水を探して飛んでいくと水の入った水差しがありました。ところが、水差しの口が狭いのと水が半分より下の方にしか入っていないので、くちばしが届きません。しばらく考えていたカラスは近くに落ちている石ころをくちばしでくわえて何個も水差しの中に入れ始めました。次第に水は上の方にあがってきて、カラスは水を飲むことができました。

タイチ「どうして石をたくさん入れたら水を飲めたのかな？」
担　任「どうしてだろうね。不思議だね。」
タイチ「わかった！石がぬれたら舐めればいい！」
担　任「そうか。でも、石が出せるかな？」
タイチ「うーん、だめだよね…」（首をひねって考えている。）

○……………… 実践例　算数学習の素地

サトル「水差しを倒せばいいんじゃない？」
タイチ「そうだよ。そしたらこぼれた水を飲めるのに。」
担　任「先生もそう思うけど、ところがカラスの力では水差しを倒すことができません。何故かというと、自分が水差しに止まっているわけでしょ。」
サトル「そうか。無理だよね。」
タイチ「わかった！もしかして… そうだ！お風呂の時とおんなじ？」
担　任「ピンポン、ピンポン、よくわかったね。」
タイチ「うん、だってさ、ぼくだけの時はこぼれないけど、お父さんやお母さんと一緒に入るとお湯がこぼれるもん。」
サトル「そういえば、ぼくもあった。」
担　任「そうだね。でもタイチくん、すごい！」
サトル「よし！明日実験しよう！」
タイチ「そうだ！本当になるか試してみよう！」

　翌日、朝から二人は外に出て試し始めました。二人は砂場用のバケツに水を半分入れ、サトルは小石を集めてきて入れています。タイチは少し大きめの石を集めています。
サトル「なかなかあがってこないよ。」
タイチ「もう少し大きい石、探してこよう。」
サトル「小さいとだめなのかな？」
　と、二人は大きい石をいくつも持ってきて入れています。
担　任「実験はどうですか？」
タイチ「なかなかだったけど、大きい石にしたら水が溢れてきた。」
サトル「ぼくも大きくしてたくさん入れたから大丈夫そう。」
担　任「じゃあ、実験は成功ってことね。よかったね。どうして大きい石の方がいいのかな？」
タイチ「だってお風呂の時、大きいお父さんが入ったら溢れたから。」
担　任「そうか、大きい方が早く溢れたのね。でも二人はいいよね。一度にいくつも持てるし、大きいのも持てるから…」
二　人「？！…」

第2章

タイチ「そうか！カラスはくちばしだと一個しかはさめないね。」
サトル「大きいのもはさめない。」
タイチ「カラスは水が飲めるまで大変だったんだね。ぼくは一度にたくさん石を持てるけど、カラスは一個ずつしか持てないもんね。」
サトル「カラスはえらいね。石を入れればいいって思いついたんだから。」
タイチ「ほんとだね。」
担　任「二人とも自分たちでやってみたら、カラスのことまで考えられるようになったのね！いろいろなことに気がついたし、実験大成功！」

（磯部　頼子）
ベネッセ次世代育成研究所「幼児の遊びに見られる学びの芽」より

科学教育の視点　　　　　　　　　　　　　　　　物の体積の発見

　物質についての基本的な概念は、重さがあり、体積があるということです。重さは台所、風呂場の体重計等身の回りにある道具で量ることができます。体積は物が空間を占める量です。直方体や球体等は計算することができますが、身の回りにある物はこのような決まった形をしていないので、大人でも「体積を量る方法を考えよ」、といわれると当惑することが少なくありません。子どもは、お話の中に身を置き、このことを日常経験と対比し、見事に物の体積を「発見」します。物が水中で押し退けた分だけ（物が水中で占めた量だけ）水がこぼれること、それは物の大きさにより違うことを発見したのです。さらに、子どもは実験と称してこのことを確かめようとしています。科学教育の基礎が幼稚園で既に形成されつつあることをこの実践は如実に物語っていると言えます。

（森本信也）

○⋯⋯⋯⋯ 実践例　算数学習の素地

幼児教育の視点

実験して確認

　この事例ではまず、「どうして石を入れたら水が飲めたのか」という疑問を感じたこと、それを言葉に表せたことがポイントです。また、その疑問を受け止めてくれた教師と同じ思いの友達の存在があります。三人で会話をしながら思考が広がっています。それぞれが可能性の推察をしていますが、まさに協同的な学びといえます。この会話をするうちに過去に経験したことのある現象と結びついていきます。「容器に入っている水の中に物体を入れると水が溢れる」という原理に気づいています。さらにそれを「実験」という活動の中で確認をしているのがいいですね。教師が適切に承認をしたり、確認の言葉をかけたりしているのが学びの定着につながっていきます。

　自分で実際に試してみることによって、また新たな気づきもみられます。たくさん入れないとならないこと、小さいものより大きいものの方が有効なことなど、まさに科学性の芽生えです。さらに「カラスは大変だったろう」と科学とつながらないとはいえ、やさしい気持ちももてています。

（磯部頼子）

第2章

光と物の影への気づき

5歳児

何だかわかる？　誰だかわかる？

【担任の思い】
- OHPを保育室に置き、壁に白い紙を貼りスクリーンに見立てられるように準備したので、翌日登園してくる子どもたちがどんな反応をするかが楽しみ。
- いろいろな物をOHPに映すことで、形や影、色などに興味をもってほしい。
- OHPとの出会いから、自分たちで色々な遊びを考えてほしい。

【OHPとの初めての出会い】
　子どもたちは登園してくると「これ何？」「何するの？」と口々に言っています。
　担任がやり方を説明すると、「おもしろそう」「何を映そうか」と言いながら保育室にあるマジックやはさみなど、いろいろな物を持ってきます。

コウタ「わぁ、はさみが大きく映った！」
ヨシキ「絵を描いたら、どうやって映るかな。」
ヒデオ「やってみよう。」
ヨシキ「いろんな色で描いたのに真っ黒！」
ヒデオ「赤いマジックも、真っ黒だよ！」
コウタ「えぇー、本当だ。それに丸く映っている。」
ヒデオ「じゃあ、横にしたらどうかな。」
コウタ「マジックの形になったね。今度はセロテープの芯、載せてみるよ。」
ヨシキ「真ん中があいてる。セロテープの形に見える。」
ヒデオ「卵パックはどうやって映るのかな？」
コウタ「わぁ、透明に映ってるよ。」
ヨシキ「でも、卵パックってわかるね。」
ヒデオ「じゃあ、マジックで色塗ってみる。」

○……………　実践例　算数学習の素地

ヨシキ「いろんな色塗ってみてよ。」
コウタ「どう？早く置いて。」
ヒデオ「わぁ、いろんな色がきれいに見える。」

【誕生会にむけて】
　"あてっこゲーム"をしようとナナミとユキコが相談を始めました。
　OHPの台の上に鉛筆や輪ゴムを置いてスクリーンに映しています。
ナナミ「すぐにわかっちゃうから、もっと難しいのないかな？」と言いながら、近く
　　　　にあった空き箱やトイレットペーパーの芯をOHPの上に置きます。
ユキコ「四角や丸にしか見えないよ。」
ナナミ「じゃあこれは？」と言いながら、自分の手をOHPの上に置くと、
ユキコ「ナナミちゃんの手。これは？」と自分の手もOHPの上に置きます。
ナナミ「あれ～？どっちがどっちかわかんない」とスクリーンの影を見ながら言います。
ユキコ「ジャンケンすればわかるよ。」と二人でジャンケンをする。
ナナミ「あれ？私がパーなのに、反対に映っているよ。」
ユキコ「本当だ。私のチョキがこっちに見える。おもしろいね。」と言いながらジャン
　　　　ケンを繰り返し行っています。
ナナミ「ねぇ、いいこと考えた！」とスクリーンとOHPの間に前を向いて立ちます。
ナナミ「見て。誰だかわかる？」
　ユキコはスクリーンの前に回り、影を見ながら「ナナミちゃん？わかんない？」
ナナミ「交代しよう。」
ユキコ「いいよ。わかる？」
ナナミ「わかんない。じゃあ、横向いて。」
ナナミ「わかった！ユキちゃん。横を向いたらわかったよ！」
ユキコ「ねぇねぇ、これにしよう。これであてっこゲームしようよ！」
ナナミ「いいね。お誕生日の人に手伝ってもらう？」
ユキコ「そうだね。今月のお誕生日の人いっぱいいるから、誰だかわからないかも…」
ナナミ「手だけとか、頭だけとかは？」
ユキコ「いろいろやってみようよ。」と言い、誕生日の人を呼びに行き、相談を始めま
　　　　した。
　誕生会当日は、ナナミとユキコが中心になり、誕生児の紹介をあてっこ遊びにしてい
きました。学級全員であてっこ遊びをすることができたことで、ほとんどの幼児が影に
興味をもつことができました。

73

第2章

【園庭でも影遊び】

　園庭で遊んでいたトモヤとワカナが「先生、園庭でもあてっこ遊びできるよ」と、保育室にいる担任のところに言いにきました。
担　任「えっ、どうしたの？」と園庭に出てみると、
トモヤ「見て、この間ナナミちゃんたちが誕生会でやったあてっこ遊びが園庭でもできるんだよ。」と影を指差します。
ワカナ「この影がトモヤくん。すごいでしょ。OHPの機械がなくても、できちゃったの。」
トモヤ「あのね、お日様が出てるから、できるんだよ。」
ワカナ「それから、追いかけようとすると、逃げちゃうの。」
トモヤ「見てて。ワカナちゃんと一緒に影も逃げちゃうんだ。」と言いながらワカナの影を足で踏みます。
トモヤ「ワカナちゃん、つかまえた。」
ワカナ「あーあ、つかまっちゃった。」
トモヤ「おもしろいでしょ。先生も一緒にやろう！」
担　任「いいよ。」
ナナミ「私も入れて。」とやってきました。

（難波　和美）

科学教育の視点

影を通した空間概念の理解

　小学校3年生で太陽の動きを調べるのに影を利用します。太陽が東にあれば、棒の影は西、というように影を視点として一日の動きを調べます。しかしながら、3年生でも「光－物－影」の関係をよく理解できない子どもが数多くいます。また、6年生ぐらいでも少なくありません。子どもの影踏み遊びに見られるように、子どもを中心にして太陽と影が反対方向にある、という基本的な理解ができていないのです。

　ここでの実践には、物と影の関係について多様な経験が用意されています。また、その中には重要な法則が潜んでいます。「透明な物」は透明に映り、「不透明」な物には影ができる。影では「三次元」の物が「二次元」に映る。影と物は対称になる。上述した活動の基礎になる重要な体験がここで話されています。もちろん理科の学習だけではなく、算数の図形学習の基礎にもなっています。

○……………実践例　算数学習の素地

さらには、OHPによる物の投影、すなわち、投影図形は中学校数学の学習です。幼稚園で子どもの楽しそうな体験活動が後の学習の大きな素地になっていることに注目したいと思います。また、大切にしたいと思います。

（森本信也）

幼児教育の視点

室内から戸外へ、静的から動的へ

　OHPという機器との出合いの事例です。はじめに使い方のみ説明して後は子どもたちに任せています。様々に試しながらOHPの特性に気づいています。
・ものが大きく映る。
・紙にいろいろ描いても黒くしか映らない。
・向きによって形が変わる。
・透明なものは透明に映る。
・透明なものに彩色すると色が映る。
・右側から乗せたものは左側に映る。　などなど。
　これらの理解の上にたって「あてっこゲーム」という遊びを考え出し、それを園全体の行事「誕生会」に生かしています。身近な友達を「影」というネガティブな面から当てるという新鮮なおもしろさがあったのではないでしょうか。初めて出合ったOHPからこのような遊びにまで発展させた子どもたちはすばらしいですね。もちろん、この提案が実現できたのは行事にかかわる園内の調整など担任の影の応援もあったことはいうまでもないでしょう。
　この「あてっこゲーム」のおもしろさが天気の良い日の園庭でも体験できることに気付いたトモヤとワカナもすばらしいですね。"「OHP」の機械がなくてもできちゃった"という発見。光と影の関係が理解できたということではありませんが、遊びに活用するおもしろさはわかったのではないでしょうか。室内の遊びが戸外へ、静的な遊びが動的な遊びへとつながっていったことは大きな発展です。影踏み遊びは友達とのかかわりも広げていくことでしょう。この時期、光と影のおもしろさの体験は意味が大きいでしょう。

（磯部頼子）

第2章

太陽光と物の影のでき方への気づき

5歳児

影踏み

　影踏み遊びを通して、子どもは物の影のでき方に気づきます。また、積み木に光を当ててこのことを検証します。

10月下旬
　ケンタとカズキとユウトがリレーをしようと戸外へ出ますが、メンバーが集まりません。
カズキ「先生、ぼくたちリレーをやりたいけれど人がいないんだ。先生入って。」と言ってきました。
担　任「それなら、今日は影踏みにしない？」と提案しました。
カズキ「影踏みって何？」と言うと
ケンタ「影を踏んだら鬼になるんだよね。」と答えます。
カズキ「面白そう！やろうよ！」
と言い、ジャンケンでユウトが鬼になりました。ケンタ、カズキ、教師が逃げます。教師が逃げながら木陰に入ると影がなくなりました。ユウトとカズキは「あー影がなくなった！」と驚き、教師は「ここにはいればつかまらないでしょ。10数えたらでるね。」と知らせます。

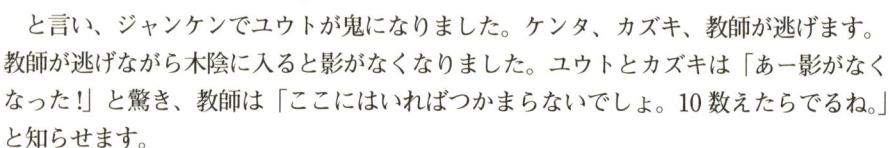

　しばらく、走り回ったり影に逃げ込んだりして追いかけたり逃げたりすることを繰り返していました。
　教師も一緒に逃げたり追いかけたりしながら、「ほーら、こっちに来ると影は、先生の前になるから大丈夫！」とつぶやきながら影の向きが変わることを知らせます。

○.................. 実践例　算数学習の素地

ユウトの逃げ方が、影の映る位置を気にするようになってきました。
カズキ「ユウト君の影なかなかふめないな〜」と言い、
担　任「ユウト君も先生も影が映るところを自分の前にして走るようにしているからね。」と伝えます。カズキは首をかしげています。しばらく楽しんでいましたが、昼食の時間になってしまいました。

昼食後、戸外に出たケンタ、ユウト、カズキは再び影踏みを始めました。木陰に入ったケンタに
担　任「さっきの影の場所とちがうね。」と伝えます。
ケンタ「さっきの影は、もう少しこっちだったよ。」と答え、カズキ、ケンタも影の位置を気にしながら逃げていました。

翌日
　三人は、今日も影踏みしよう！とはりきって戸外へ。しかし曇天のため影がほとんどでません。ユウトは「今日はできないね。曇っていてお日様が出ないからできないね。」と話をして他の遊びを始めました。

11月下旬
　カズキ、ケンタ、ユウトの三人は他の友達もしばしば入りながら影踏み遊びを繰り返していました。カズキが「このごろ影が長くなってきたよね。ぼくたちの背が伸びたのかな。」とつぶやきます。
担　任「もちろんカズキ君の背も大きくなっているのよ。けれど、滑り台は背が伸びないけれど影は伸びているでしょ。お日様が私達を照らしてくれる場所がちがっているからなの。実験してみる？」と話をすると「ワーイ実験だ!!」と三人は担任についてきます。
　室内で、直方体の大型積み木に懐中電灯で光を当てて影の現れ方を試します。担任「これが太陽」と懐中電灯を掲げて積み木に当てます。「本当だ、影が変わる。」とカズキ、

第2章

ケンタ、ユウトは交代しながら積み木に光を当てて試しています。

ケンタ「懐中電灯が高いところだと影が小さいんだね。こうすると影の背が伸びるよ。」と言いながら懐中電灯を少し斜めに下げます。

カズキ「ほんとだ！」と大きな声で言い、教師は、「お日様も少し前より下になったから影の背が伸びたのね。」と応じました。

（大澤　洋美）

科学教育の視点

影を通した空間概念の理解

　小学校3年理科で、校庭に建てた棒の影の長さや位置を観察し、一日の太陽の動きを調べる学習があります。この学習に関連して小学生の理解度の調査もあります。細かなデータをここでは示しませんが、例えば、太陽が西にあるとき、棒の影はどちらにあるかと問うと、反対の東と答えられる子どもは決して多くはありません。このような経験をしてもです。それだけ、この学習は難しいのです。影は太陽があるとできる。太陽と棒の影は反対方向。太陽の位置で影の長さは変わる。これらの情報を総合して、太陽が東→南→西へと位置を変えることが学習できるのです。

　ところで、この実践には小学生に必要とされる学習の素地、あるいはそれ以上の活動がなされているのが明らかです。影踏みで棒ではなく、自分や友だちの影の位置やでき方に気づいていきます。さらに、驚くべきことに一ヶ月後の影の長さの変化にまで気づきが広がっています。また、積み木を使って影のでき方を調べる活動もなされています。これは、視点を変えてます。つまり、自分が懐中電灯で光を当てて、位置を変えたときの積み木の影のでき方を見ています。自分が太陽になって物の影を見ているのです。影踏み遊びで見つけた法則を自分が太陽になって検証しようとしているのです。小学校3年理科以上の学習がなされています。子どもはそれを自然に受け入れています。

（森本信也）

○............... 実践例　算数学習の素地

幼児教育の視点

経験によって裏づけされていく知識

　「影踏み」は昔から遊ばれてきたものですが、最近は、遊具がたくさんあるためか、なかなか遊んでいる様子は見られなくなりました。天気さえよければものがなくても平坦な場所さえあれば楽しめる上に、さまざまな気づきが期待できる遊びです。この事例では、人数が集まらずにリレーができずにいた数人に担任が提案しています。また、担任は仲間に入りながら「日陰」に逃げ込み、逃げる方法の一つを示しながら、日向と日陰の違いに気づくようにしています。子どもたちは、遊びながら日陰では影ができないことに気づいています。さらに、この遊びが長期にわたって繰り返された効果を担任が生かしています。つまり、秋から冬に向かう太陽の位置の変化によって影のでき方が違うことを伝えています。

　「実験」という耳新しい言葉が一層、子どもたちの興味を引いたようです。ここまでしないまでも、太陽と影については秋口の涼しくなった頃に体験できるといいですね。このような楽しい実体験は、小学校の授業の場面で思い起こされることでしょう。そして、体験によって裏づけされた知識は確かなものとして記憶されていくことと思います。長期にわたって繰り返し遊ばれたのは、自分の動きや友達の動きによって変化する影のおもしろさや太陽と体さえあれば楽しめることにあったと思われます。遊びの状況に合わせて教師が新しい知識を示したのは、このころの子どもたちの「知りたい」という欲求に合っていたと思われます。「教える」というよりは、「共に」という姿勢が子どもたちに無理なく受け入れられた要因でしょう。

（磯部頼子）

第2章

❖ **科学概念理解**

物を動かすエネルギーについての考えの芽生え

4歳児

ジェットコースターみたい！

　4歳児の3学期に入った頃、1学期の入園当初によく使って遊んでいた、切り口がアルファベットのBの型をしたブロック（以下Bブロック、またはB型ブロックという）をまた用意して出しました。
　ただし、車がついているものは除き、Bブロックの形のもののみとしました。
　1学期遊んでいたことを思い出し、二人の幼児がやってきました。

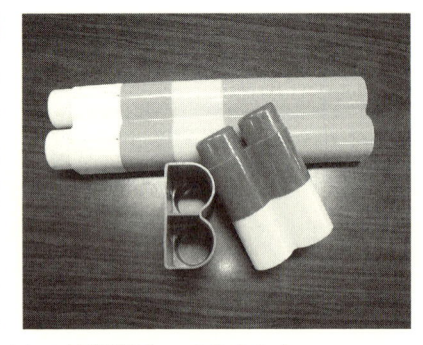

ユウキ「あ、これ、前にやったよね！」
マナト「うん、いっぱいくっつけてやったよね！」
　Bブロックをつなげ始めました。
ユウキ「先生、車のついているのは？」
担　任「車のはないの。」
ユウキ「えぇ、なんでないの？車の欲しい。」
担　任「車のはないんだけど、前の時には使わなかったものを使って今度は同じBブロックでも違う遊びをしようと思って。」
マナト「何するの？」
担　任「これ、なぁんだ？」　と言ってビー玉を取り出します。
ユウキ「知ってる！ビー玉！」
担　任「ピンポーン！これをこうすると…」　と言いながら、二人がくっつけたBブロックの隙間を転がしていきます。
ユウキ「すごーい！転がった！」
マナト「おもしろいね！」

○·············· 実践例　科学概念理解

担　任　「ビー玉のコースができたね!」
ユウキ　「もっと長くしたい!」　そう言って自分が作っていたものにどんどんBブロックをつなげていきます。担任は側に座ってユウキのものとは別にBブロックをどんどんつないで作っていきます。
ユウキ　「できた!」　と言ってつないだBブロックのコースにビー玉を転がします。しかし、まっすぐに置いているだけなのでなかなか進まず、手で進めていきます。
担　任　「先生もできた!」　と言ってコースの始めに中型積み木を置き、そこからビー玉を転がしました。
マナト　「やらせて!」
担　任　「いいよ。」
マナト　「わぁ、すごい!すべり台みたいだね!」
ユウキ　担任とマナトの様子を見て、自分のコースにも中型積み木を置きました。そしてビー玉を転がします。先ほどよりも速く転がっていったことに満足している様子です。「もっと高くしよう!」とつぶやいて中型積み木を運んでは置いていきます。
担　任　「わぁ、ユウキくんの、おもしろそうだね!」
ユウキ　「先生のよりも高くするんだ!」そう言ってコースの始めにどんどん中型積み木を置いていきますが、途中でBブロックのコースの角度がきつくなり、外れてしまいました。「あぁ!」と言って外れた部分をくっつけて元に戻そうとしますが、上手くいきません。
担　任　「こうしたらどうかな?」と、外れたところに中型積み木を持ってきて置きました。
ユウキ　「いいね!」と、担任が持ってきた中型積み木の上に外れてしまったBブロックの部分を乗せ、外れたところをくっつけていきます。「もっと長くしようっと!」と言って、Bブロックを取り出し、くっつけていきます。
マナト　ユウキが作っている側で担任の作ったコースにつなげてコースを作っていきます。「こっちも長くなった!」と言って長くなったコースにビー玉を転がし、何度もくり返していました。

81

第2章

ユウキ　「できた！」と言って長くしたコースを持ち上げますが、先ほどと同じようにやはり途中で切れてしまいました。「あ！」と言って中型積み木を取りに行きます。

マナト　ユウキの様子を近くで見ていたマナトは、ユウキが作っているコースのところに行きました。ユウキが中型積み木を持って来たのを見て、切れてしまったコースをつなげ直し、支えます。

ユウキ　マナトが支えてくれたコースの下に中型積み木を置きます。

マナト　「わぁ、長くなったね。」

ユウキ　「やってみよう！」できたコースにビー玉を転がします。勢いよく転がっていったビー玉を見て満足そうに微笑みました。

マナト　「わぁ、ジェットコースターみたいだね！」

ユウキ　「うん、ビー玉のジェットコースター！」

担　任　「ユウキくん、マナトくんにおさえてもらってこんなに長いコースができてよかったね！」

　二人は顔を見合わせて嬉しそうに笑いながら、再びビー玉を転がし始めました。

（髙野　悠）

科学教育の視点

エネルギーの考え

　物を転がすには子どもが自分で勢いを物に与えなければなりません。何もしなければ物は止まったままです。Bブロックを使ってビー玉を転がすコースを作って、ビー玉に勢いを与えれば球は転がります。これはエネルギーについての基本的な考えだと思います。この実践では、この考えがさらに発展します。担任が斜めにしたコースを子どもに示すことがそのきっかけです。担任は子どもを新しい考えに誘うための足場を作っています。子どもはビー玉に勢いを与えなくても、コースに落差をつけることで自然と球が動くことを発見します。ビー玉にエネルギーを与えるのに、子どもは勢いを与えなくてもすむ方法を理解したのです。さらに、「ジェットコースターみたいだ！」というように、コースの落差をつけることでビー玉が早く転がることを見出します。コースに落差をつける方法の応用編です。もちろん、子どもはエネルギーという言葉やその意味を理解しているわけではありません。ただ、こうした経験を通して、子どもは物の動きを自分なりにコントロールできることを学びます。

○............ 実践例　科学概念理解

　この経験を基に、今度は風、ゴムを利用して物の動きをコントロールできます。さらには、電池を使ってコントロールします。自分が物の動きをコントロールする、つまり、エネルギーの与え方で動きを変えられることを学ぶのです。この意味で、この実践はエネルギーの考えの芽生えを作っていると言えるでしょう。

（森本信也）

幼児教育の視点　　ものがころがるおもしろさを感じて高さを調節

　このブロックは多くの園で遊びに使われていますが、つなげて遊ぶだけで変化がなく、4歳児の1学期頃には武器のようなものを作って戦いごっこをするので危険ということから片づけてしまうことがあります。

　この事例の担任は、このブロックならではの遊びのおもしろさを自分自身も経験上から知っていたので、2学期に別の出会いができるように出しています。ブロックをつなげてBの溝の部分にビー玉を乗せてころがす遊びに導いています。

　81ページの写真のように先端を高くするとスピードがでます。途中に盛り上がり部分があっても加速度により乗り越えていきます。この不思議さがおもしろさになっていろいろ高さを変えるなどして試しをしていきます。

　このようになるには、繰り返し遊ぶことが必要です。この事例では初めての日なので工夫するところまでには至っていませんが、ブロックが離れないためには途中に支柱が必要なことや高さを変えるおもしろさなどに気づいています。また、担任の設定したものがモデルやヒントになっていますし、友達の動きも他の幼児の刺激になっています。また、困った友達を見た時、担任の動きから学んだことを生かしています。4歳児でも強く印象に残ったことは、次に生かせるようになっています。4歳児では継続した遊びよりもむしろ、さまざまな現象、ちょっとしたできごと、新たなものとの出合いなど瞬間的であってもおもしろさや不思議さを実感することも大切でしょう。

（磯部頼子）

第2章

物を動かすエネルギーへの気づき

5歳児

しまった！上手く水を流したいのに…
どうしたら上手くいくのかな？

　二人の幼児が砂場でビールケースに樋や塩ビ管を置いて長いコースを作って遊んでいます。タライから水を汲んできてそのコースに流しています。子どもは水を流すコースをデザインしながらより遠くへ流す工夫をします。ここにはポンプのような動力源はありませんので、子どもが遠くへ水を流す工夫をします

サキト「あれ？戻ってきちゃう。しまったぁ…」
担　任「どうしたの？」
サキト「あっちに流したいのに、水が戻ってきちゃうんだよ。」
担　任「どうしてだろうね。どうすれば水があっちにいくのかな？」
シオン「う～ん？」と言いながらコースの始まりを持ち上げます。
　すると、残っていた水が流したい方向へ少し進みます。
サキト「あ！そうだ！！」と言って木の積木を持って来てシオンが持ち上げた所に置く。「よし！」再び水を流します。
シオン「あ！来た来た！」
サキト「やった！…あれ？しまった！」
担　任「何がしまったの？」
サキト「ここがしまった！」
　つなげている二つ目の塩ビ管から下に流れてしまっている水を指して言います。
　　　　「あ、そうだ！」と言って2つ目の塩ビ管と三つ目の塩ビ管をつなげます。
担　任「つなげてみるんだ！今度は上手くいくかな？」
サキト「確かめてみる！」水を取りに行きます。
担　任「さぁ、もう1回挑戦です！今度は上手くいくかな？」

○……………… 実践例　科学概念理解

サキト「いくよー！」
シオン「いいよー！あ、やった。やった。」　流れる水の方向を追いかけていきます。
担　任「やったね！流れた、流れた！」
シオン「あー！！」
サキト「流れた？」
シオン「ここがしまった！！」　つなげている三つ目の塩ビ管から下の樋に水が流れ、前に戻って流れてしまっているところを指して言います。
担　任「あ、でもさっきはここまで（二つ目まで）だったけど、今度はここまで（三つ目まで）いったね！」
サキト「もう１回やってみよう！」　と言ってもう１度水を取りに行きます。
シオン「ここ見て！」　と言って二つ目と三つ目の塩ビ管が乗っている樋のつながっている始まりを指さして言います。そこから水が流れてしまっています。
担　任「ここが難しいんだね。」
サキト「いくよー！」　持って来た水を流そうとします。
シオン「ここ見て！」
サキト「あーあ。」
担　任「どうすればいいのかな？」
シオン「こうは？」　樋の始まりを持ち上げる。
担　任「そうやるといいのかな？」
サキト「あ、わかった！」　と言って再び木の積木を持って来てシオンが持ち上げた所に置きます。
担　任「さぁ、今度は上手くいくでしょうか？」
サキト「よし、いくよー！」　水を流すと、
シオン「いったー！」
サキト「やったー！！」

　二人は、その後も何度も流すことを楽しんでいました。しかし、遊んでいる内につながっている部分がぐらぐらと揺れて外れてしまいました。
シオン「あー！！」
サキト「あーあ。」
担　任「あー、いいコースが…　ここがぐらぐらしちゃうんだね。どうしたらぐらぐらが止まるんだろうね？」
サキト「何かで押さえる？」

第2章

シオン「うん?」と言いながら手でコースを押さえます。
担　任「そっか、シオンくんが押さえてる?でも、ずっとだと疲れちゃいそうだね。」
サキト「そうだ!これは?」と言って近くにあったカップをコースの両わきに置きます。
担　任「あら、それで押さえてみるの?どうだろうね?」
サキト「やってみる!」水を取りに行き、再び流すと、
シオン「いった!いいね!」
サキト「いいね!」
担　任「じょうぶないいコースになったね!」

（髙野　悠）

科学教育の視点

力やエネルギーの理解

　子どもは水を流すコースをデザインしながらより遠くへ流す工夫をしています。もちろん、ここにはポンプのような動力源はありません。自動的に水を次から次へと流してくれる水道のような水の供給源もありません。始めの塩ビ管を持ち上げ、水に流れるエネルギーを与え、それをいかに無駄なくより遠くへ流していくかが子どもの課題です。管のつなぎ目がグラグラしてもれないようにコースを作り上げることが工夫の視点です。管がグラグラしないようにバランスをとることも子どもは考えます。これは一種の力のバランスです。

　こうして水を塩ビ管を通して流す遊びを通して、水の勢いをより遠くまでつなげるためにビールケースの上でバランスよく塩ビをつなげる工夫をします。遊びを通してエネルギーや力のバランスを取ることを一種の「物作り」を通して体験していきます。もちろん、子どもにこうした理屈を教えることは全く意味があり

○ ………… 実践例　科学概念理解

ません。子どもの思いや願いを実現する過程でこうした理屈を体験させていくことが大切だと思います。将来エネルギーや力を学習するとき、その意味を考えるときの一つのきっかけとして、子どもの記憶によみがえってくると思います。そのためにも、こうした遊びを繰り返し実践することは意味のあることだと思います。

（森本信也）

幼児教育の視点　　失敗をくり返しながら新たな気づきが

　この事例の子どもたちは「しまった！」と自分たちの予想と異なる結果を声に出して言い、「水は高いところから」「接続部分に隙間があると、水がこぼれて最後まで到達しない」などその原因に気づいています。そしてその部分を自分たちで修正しています。

　教師の言葉をひろってみると「やったね！」「さっきは・・・今度は」「ここが難しいんだね」「どうすればいいのかな？」「ここがぐらぐら・・・どうしたら止まるんだろう」などその都度、子どもたちの状況や気持ちに応じた言葉で教師の思いを伝えています。

　これらの教師の言葉は一見すると、いわゆる「認め」の言葉とは言えないように感じられるかもしれません。承認の言葉は必ずしも「上手」とか「すてき」というものである必要はありません。子どもたちが次に自分たちがすることが見つけられたり試しの方向が得られるような言葉も承認の範疇といっていいでしょう。

　無理して誉めなくても子どもたちには十分伝わります。承認というのは、子どもたちに教師の思いや気持ちが伝わったりそれらが行き交ったりすればいいのではないでしょうか。是非、子どもたちの様子をよく見て理解し、子どもたちに響く言葉をかけるように心がけたいものです。

　教師の一言は、子どもたちを励まし、やる気にし、新たな気づきにつながります。子どもと喜びを共にできることは、教師冥利につきるでしょう。

（磯部頼子）

第2章

葉の形や模様への気づき

5歳児

あっ失敗！でも、こっちもきれい！

- 秋の自然に親しんだり、遊びに取り入れたりしながら、表現する楽しさを味わってほしい。
- 様々なやり方に気づき、自分らしい作品と出会ってほしい。

　年少時に「大きな紙に道をつくろう」と投げかけた時に、ローラーを使う経験をしています。年長になり、個人の作品（版画）としてローラーを使うのは初めてです。

【材料】　赤・青・黄・緑のインク、ローラー、四つ切の白画用紙
　　　　　園庭に落ちている様々な葉っぱ

　担任が園庭から落ち葉を拾ってきて、ローラーやインクの準備などをしていると、マリコとヨウコが「先生、何しているの？」と近寄ってきます。

担　任「あのね、きれいな葉っぱが落ちていたから、これで遊べないかなと思って拾ってきたの。きれいでしょ」
マリコ「私ね、葉っぱの冠をつくったことあるよ。」
ヨウコ「私も。それからケーキを作ったとき飾ったよ」と自分の経験を担任に話します。
担　任「そうだったね。とってもすてきなのができたのよね。今日はね、違うことして遊ぼうと思っていろいろな形の葉っぱを拾ってきたの。」
マリコ「えー、何するの？」
担　任「見てみる？」と聞くと、マリコとヨウコがうなずくので、四つ切の白画用紙の上に拾ってきた葉っぱを置き、赤のインクをつけたローラーを葉っぱの上からゆっくりころがすと、同じ葉っぱの模様が繰り返しでてきます。
マリコ「すごーい、きれい。私もやりたい！」
ヨウコ「私もやりたい！」と口々に言うので、好きな形の葉っぱを拾ってくるように話すと二人は園庭に飛び出して行きました。
マリコ「見てみて、この葉っぱはどうかな？」と担任に尋ねに来ます。

○……………… 実践例　科学概念理解

担　任「自分でやってみてごらん。やり方は見ていたからわかるよね。」
マリコ「うん。大丈夫。ヨウコちゃん、一緒にやろう。」とヨウコを誘いローラー版画を始めます。二人の姿に刺激されて、他の幼児も集まってきて一緒に行います。交替で行っているので、自分のものや友達の出来上がったものを見るごとに歓声を上げていました。

　繰り返し遊んで数日がたったある日、絵を描くことが苦手でなかなかやろうとしなかったカズヤが担任のところに「やりたい」と言ってきました。
担　任「カズヤくんがやりたいっていうんだけど、誰か教えてあげられる？」
と保育室に向かって言うと、ノリオが「いいよ。」とすぐにカズヤの傍に走ってきました。ノリオは自分の経験からやり方を説明し、ノリオに「きれいな形の葉っぱを拾うんだよ。」と言われ、カズヤは少し大きめの葉っぱを拾ってきて、ローラー版画を行いました。
カズヤ「あれ？なんだか葉っぱの形がちゃんとでないよ。」と首をかしげています。
ノリオ「だってローラーより大きな葉っぱなんだもん。」
カズヤ「そうか、これより小さい葉っぱを探してくるんだね。」とローラーを指差しながら言います。
ノリオ「そうそう。こうやってね。」と小さな葉っぱで手本を見せる。
カズヤ「わかった。ありがとう。やってみる。」と言うと、葉っぱをたくさん拾ってきて、いろいろな色で何回も繰り返し行い始めました。
担　任「できたね。すごーくきれい。」
カズヤ「うん、楽しい。」
カズヤ「この葉っぱきれいだから、もう１枚やっちゃおうかな。」
と言いながら画用紙の上にインクが付いたほうを下にして置きます。
カズヤ「先生、見ててね。ほら。あっ！失敗しちゃった。」と葉っぱの置き方を間違えてしまったことに気がつき、やめようとします。
担　任「そのまま続けてごらん。すごーくきれいだよ。」とカズヤの動きを認めてすぐに声を出しました。（担任は予想外のことでしたが、葉っぱのきれいさに思わず声がでてしまいました。）
カズヤ「あっ本当だ。こっちもきれい！」と言う。緑のインクの中に赤い模様の葉っぱが浮き彫りになっています。
ノリオ「わぁー、葉っぱの模様が見える。」

第2章

カズヤ 「こっちの方が本当の葉っぱみたいだね。」と、ノリオと顔を見合わせています。
ノリオ 「僕もやってみよう。カズヤくん、こうやればいいのかな？」
カズヤ 「そうだよ。僕もまたやってみよう。」と、配色を変えながら何度も行います。
カズヤ 「ねえ、ノリオくん、このローラー見て。葉っぱの模様がついているよ。このままやったら、どうなるかな？」
ノリオ 「やってみよう。やってみよう」
カズヤ 「見ててね。あっ、これもきれい！」と、少し薄くなった模様を見ながらニコニコして言います。
担　任 「カズヤくん、すごいね。葉っぱの模様を作る名人みたいだね」

と、言うと、カズヤはとてもうれしそうです。（担任としても、描くことに苦手意識を持っていたカズヤがこんなにいろいろなことに気が付いて繰り返し行ったことがうれしい。）

担　任 「お帰りの前に、みんなに見せてあげても、いい？」
カズヤ 「いいよ。やり方も教えてあげるよ。」

（難波　和美）

科学教育の視点

植物の多様性への気付き

　昆虫、花、木の実等子どもの周りにある生物は様々な特徴をもっています。不思議な・面白い形、面白い動き、きれいな色や配色、面白い形等、子どもの目を引く特徴を備えています。子どもは興味をもって観察したりします。植物の葉はこうした点から比べると、子どもの関心を引き起こすには、際だった特徴がありません。もちろん、これは表面的な話で、生物学的に葉が観察するに値する特徴を備えていないということではありません。この実践では、ローラーにより葉の模様を子どもに示すことで、子どもに植物の葉への関心を喚起しようとしています。漠然と眺めるのではなく、「自然の作った、あるいは自然にある模様」の発見という視点から、葉を見直そうとしています。

　実践にあるように、実際、子どもは自然にある様々な模様に興味を示します。普段何気なく見ていた園庭の葉に色々な特徴があることに気がついたのです。表面的な模様だけではなく、形、周りのぎざぎざ、堅さ等などにも色々な特徴

○ .... 実践例　科学概念理解

があることについて、模様を発見する中で子どもは気づいていきます。植物の多様性は漠然とではありますが、日常生活を通して気がついていますが、大げさに言えば、構造上の特徴までは見ていません。葉の多様性が植物の多様性につながることを少しずつ子どもは気づいていきます。小学校3年理科ですべての植物に根、茎、葉という共通の特徴があることを学習します。その素地には、植物の多様性への気づきがなければこの学習は何の意味もありません。遊びを通したこの実践の有用性が明らかです。

（森本信也）

幼児教育の視点

偶然の気づきが多様なおもしろさに

幼稚園教育は環境による教育を基本とするということは周知のことですが、環境の一つは教師の存在です。この事例では教師の動きが新しい教材のきっかけになっています。子どもたちは教師の動きに注目していますのでこのような教師の動きは子どもたちの「気づき」には大変有効な環境です。また、子どもたち同士もよい環境となっています。つまり、一人の子の気づきや試し、発見が他の子に伝わって、活動を豊かなものにしています。

この事例のポイントは既にインクが付いている面を画用紙においてしまったことを失敗として取りのぞこうとするのを担任がそのまますすめてみるように助言したことにあるでしょう。この方法のおもしろさを早めに体験できています。この方法はゆくゆくは試してみるように提案したいことの一つですが、子どもの動きをきっかけにできたことは教師が提案するよりもすばらしいですね。この実現は教師に見通しがあったればこそで、教師にこの活動の特性の理解や見通しがなかったらせっかくの子どもの動きを見過ごしてしまったことでしょう。自分の気づきが他の友達に受け入れられた喜びは大きなものですが、この事例のように複雑な要素のものは子どもだけではその気づきの価値が理解できませんので、教師の説明や解説、価値の承認などが必要でしょう。そのことが新しい知識として子どもたちの学びの基礎としてため込まれていきます。また、すぐに失敗としてあきらめないことの大切さも学んだのではないでしょうか。

（磯部頼子）

第2章

生き物の発生と成長の気づき

5歳児

オタマジャクシとヤゴ

オタマジャクシやヤゴの観察を通して、子どもが生き物、すなわち動物の発生や成長について色々な気づきをします。

　ヒナノは春休みが終わり登園すると、早速池の中を見て「オタマジャクシだ！」と歓声を上げてすくって見ています。
ヒナノ「あれ〜、頭がないね。動かないよ。」 とまだ棒のような孵りたてのオタマジャクシを保育者に見せて不思議そうな表情をしています。
担　任「ほんとだね。どうしてかな？」 と一緒に見ていると、
アヤコ「池に入れようよ。泳ぐかもしれないよ。」

　と言ってきたので、ヒナノは手にしていたオタマジャクシをそっと池に戻しました。しかし、オタマジャクシは動かないので、ヒナノはじっと様子を見ていました。
　その後、ヒナノは毎日池を見たり、オタマジャクシをすくったりしていました。1週間ほど経つと頭のかたちが出来たオタマジャクシが池の中で泳ぐようになりました。ヒナノは、「先生〜！オタマジャクシが泳いでいるよ。ほらほら。」と伝えてきました。

担　任「ほんとね。泳がないオタマジャクシしとどこが違うかしら。」 と問い掛けたとき、
サトシ「こっちのオタマジャクシはまだ泳いでないね。」 と近くでささやいたのを聞いて、
ヒナノ「大丈夫だよ。もうすぐ頭が大きくなって泳ぐから。」 と嬉しそうに答えていました。

..................実践例　科学概念理解

　オタマジャクシをすくって飼い始めてしばらくしたある日イツキとリョウは、池からヤゴを捕まえて図鑑でヤゴの食べ物を調べました。図鑑にヤゴがオタマジャクシを食べる様子が描かれていたので保育室で飼っているオタマジャクシのところにヤゴを持ってきました。そして、オタマジャクシをヤゴの水槽の中に入れようとしていました。
　すると、オタマジャクシを捕まえたヒロハルが来て「オタマジャクシがかわいそうだ。ひどいことをする！」と怒って反対をします。すると、ヒナノら数人の幼児も集まってきて「オタマジャクシがかわいそうだ。」と反論をします。学級全体で話し合うことにしました。

「オタマジャクシが食べられちゃうからかわいそう。お池に放したほうがいい。」
「ヤゴがトンボになるのを見たい。」
「オタマジャクシを半分だけあげればいい。」
など意見が出され話し合いが続きます。降園の時間になったので明日まで考えてくることにしました。

　翌日、タカシがヤゴは釣具店で売っている赤虫を食べることを調べて、赤虫を持ってきてくれました。イツキとリョウも大喜び、学級全体にも知らせオタマジャクシとヤゴの飼育観察が始まりました。

ヤゴがトンボに…
　イツキとリョウは毎日ヤゴに赤虫をあげたり、水を変えたり、図鑑を見ながら育てています。ヤゴが大きくなってくると、羽化するために棒が必要であることを教師に相談してきました。

水槽の中にどうやって棒を立てて羽化できる環境を作るか
　はじめにイツキが割り箸を持ってきました。水槽の中に立てようとすると割り箸が短すぎて割り箸が浮いてしまいました。そこで、長めの竹ひごを教師がもってくると、
リョウ「これを水槽の蓋にさせばいい。」　と竹ひごを蓋にさして固定しました。
イツキ「でも、トンボになったときに飛べないよ。」　といいます。
　教師が、ダンボールを逆さにして水槽にかぶせ、窓を作って竹ひごを支えることを提案して、三人でヤゴが羽化できるように棒を立てました。

第2章

イツキ 「窓に網がないとトンボが飛んでいってしまうよ。」と気づいたので窓にガーゼを張ることにしました。

3週間後、ヤゴがトンボにかえったことを登園してきたイツキが発見。大喜びで学級の友達に報告していました。

（大澤　洋美）

科学教育の視点
動物についての理解

　子どもは実に細かく生き物、すなわち動物について観察しています。子どもが観察した卵からかえる（発生する）、泳ぐ（運動する）、えさを食べる、だけを見ても動物を説明するために必要な視点がすでにできあがっていることがわかります。ヤゴのえさとしておたまじゃくしの扱いについての、子どもにおける緊迫した場面などは非常に興味深いものがあります。確かに、子どもたちはヤゴのえさにすることには躊躇しましたが、その一方で、自然界でそのようなことが起きていることも確実に理解していきます。

　子どもの観察はこれだけでは終わりません。羽化、すなわちヤゴの成長の観察です。動物が発生し、成長するという過程の理解にこの観察はつながります。ここでの観察はオタマジャクシ、ヤゴだけですが、この経験をもとにして子どもは他の生き物の観察においても、動物のもつ特性である、発生・成長、運動、捕食（食べる）を見ようとすることは容易に想像することができます。

（森本信也）

幼児教育の視点
困ったことに関する情報を得て

　生きものを飼う時には必ずといってよいほど出合う問題ですね。子どもたちの気持ち、論はどれも当然のことなので教師としても悩むところでしょう。特に卵

○............... 実践例　科学概念理解

から孵化したばかりのオタマジャクシ、まだ泳ぐことができないのをじっと応援していた子どもたちにとってはヤゴのエサにするなんてとんでもないことでしょう。一方、ヤゴからトンボになるまで見たいという子にとってはエサはどうしても必要というのもわかります。

　なかなか話し合いがつかず、「明日まで考えてこよう」という教師の提案で新たな情報がもたらされます。しかし、この新たな情報をもってきたのはヤゴ派でもなく、オタマジャクシ派でもない子だったのは驚きです。タカシは学級全体で話し合ったことなので、直接自分がかかわっていた問題ではなくても自分も考える必要のあることとしてとらえ、家族に話したのでしょう。そして、家族の誰かが新しい情報を提案してくれたのでしょう。幼稚園だけでなく、家庭もまきこんでの問題解決は価値があります。

　さらに、成長に伴って生じてきた問題に教師と子どもが知恵を出し合っています。この過程で「羽化するには棒が必要」「トンボになったとき飛べない」「トンボが飛んでいってしまう」と「こうなったらこうなる」という予想が立てられるようになっています。現在から先を見通し、必要な手立てを講じられることは好きなことに限っていたとしても大きな成長でしょう。

（磯部頼子）

第2章

ドングリゴマ作りから学ぶ自然の法則

5歳児

ドングリで遊ぶ

ドングリゴマ作りを通して子どもは自然にある法則に気がついていきます。そして、この法則を使ってコマ作りを楽しみます。

一日目

保育室に秋の遠足で拾ったドングリ（マテバシイ）を遊びの素材として置いておきました。

タカシとゲンキはドングリを見つけ「先生、ぼくたちこまをつくりたい。」と伝えてきました。担任は、コマの作り方を二人と一緒に調べ、ドングリにコマの芯を刺すためにつけ根部分を削ることが必要なことを伝えました。
（削り方はコンクリートなど凹凸のある面でこすると書いてある。）

そこで、二人はテラスのコンクリート部分をみつけ「ここがいい！」と言って削り始めます。しかし、凹凸が少ないのでなかなか削れません。その様子を見た担任は、凹凸の適当な部分でドングリをこすって「これくらいかな？」とつぶやきました。

担任のこすっているところは削れますが、二人がドングリを持って削っているところは削れません。タカシとゲンキは、「どうして先生のドングリは削れるの？」と聞いてきます。

担任は今まで二人がこすっていた場所を指で触れてみるように言い、その後担任が削っていた場所と比べてみるように言いました。

担　任「どこが違うかしら？」と問いかけると、
ゲンキ「先生のほうがザラザラしている。」

タカシ「ぼくたちも先生と同じところで削ろう。」と言って場所を変えて削り始めました。
ゲンキ「おーさっきより削れている。」とうれしそうにつぶやきます。
タカシ「ぼくのもこんなに平らになった。」と笑みを浮かべています。
　削っている二人の近くで、担任は芯を入れてコマを回しました。
タカシ「おー！回っている。」
ゲンキ「これくらいなら芯がさせるかな？」と聞きに来たので、担任が芯のさし方や芯をさす位置を知らせ、二人はコマを完成させました。

　二人はすぐにコンクリートの上でコマを回し始めますが、回りません。担任が回している場所は面が平らでツルツルとしています。担任も二人の回しているコンクリートで回してみるとコマはほとんど回りません。タカシが「先生のところでやればいいんだ。」と気づいて回す場所を変えます。
タカシ「そうか！削る時はザラザラで回す時はツルツルがいいのか！」
担　任「気がついたんだ。すごい！今度ほかの人にも教えてあげるといいね。」
　二人は再び場所を変えて、回し始めます。しかし、ゲンキのコマは芯が斜めになっているのですぐに止まってしまいます。ゲンキは困った様子で何度も挑戦しますが、回りません。
ゲンキ「先生、ぼくのコマどうして回らないの？」
担　任「ほら、ここを見て。タカシ君のはまっすぐでしょ。ゲンキ君のコマの芯はどうなっている？」と言って芯の傾きに気づくようにしました。
　ゲンキは芯をさし直し再び回すと、以前より回るようになりました。

二日目
　登園するとすぐにタカシとゲンキは新しくコマを作りたくてドングリをもって削り始めます。
タカシ「こっちのほうがよく削れるよ。」
ゲンキ「こっちもいいよ。」
　と、お互いに削りやすいところを見つけて知らせ合っています。「うーん調子はいいな。」とタカシは独り言を言いながら削っています。ゲンキは削れ具合を確かめながら削って芯をさします。今度は、前日のコマより回ったので、大喜びです。
　二人の様子を見た他の子どもたちも、コマ作りをしようと二人のそばにやってきます。
タカシ「ザラザラしたところを選ぶんだよ。」と言いながら削っていると、こすりすぎ

第2章

てドングリの殻が壊れて中味が出てしまいました。タカシ「これはこすりすぎ。失敗だ。」と周りの友達にも様子を知らせています。

　ゲンキは芯のつけかたについて友達に知らせながら自分のコマを作っています。
　その後、一週間ほどはドングリゴマが学級の三分の二ほどに広がり、お互いに削る場所、芯のつけかた、回し方など伝え合う様子が見られました。

（大澤　洋美）

科学教育の視点　　　　　　　　　物の性質の多様性への気づき

　ドングリゴマ作りを通して、子どもが自然にある法則に気づいていくのがよくわかる実践です。まず、ドングリを削るのに適した「ザラザラ」の発見です。ツルツルよりもザラザラの方が、ドングリとコンクリートとの引っかかりが多いことを子どもは実感します。同じコンクリートという削る素材でも、歯のように削るところが多い面を利用すると良いことに子どもは気がつきます。これは物を削るときの基本で、大事な法則です。次はコマを回すときの気づきです。今度は引っかかりが多いとだめなのです。ツルツルが多い方がよいのです。これも道理ですね。コマの芯の回転の邪魔にならない面が多い方がよいのです。コンクリートとコマの芯を見る子どもの視点が非常に細かくなっているのが明らかです。コンクリートについて普段このようなことは考えたことはないでしょう。コマ作りがこうした機会を与えたのです。もちろん担任の支援の賜であることはいうまでもありません。
　さらに、子どもの法則発見への活動は続きます。コマの芯の位置の課題です。バランスへの気づきです。中心に芯を据えることが回転には適していることの発見です。よりよい回転の条件がバランスであることを発見するのです。最後は、こうした三つの条件の組み合わせがコマ作りと遊び方に適していることを、子

○……………… 実践例　科学概念理解

　どもはきちんと整理して適用することができます。幼稚園児でもこのような支援があると、法則を見いだし、さらにこれを活用する活動をすることができることをこの実践は示しています。教師にとっては新しい子どもの学びの発見です。

(森本信也)

幼児教育の視点

気づく、考える、試すことをくり返す

　ドングリなど季節のものに関わりながらさまざまな発見や気づきを体験することも大切な学習の場といえます。一般に「ドングリ」と総称していますが、いわゆる「ドングリ」といわれている木の実は数種類あり形もさまざまです。ここでは「マテバシイ」を使ったようですが、年長児には形が見分けやすいもの、特徴のあるものはきちんと名称を知らせることも必要でしょう。

　この事例では道具を使わずに「ドングリゴマ」を作っています。ドングリはコマの芯棒をさす部分が堅いのでそのままでは棒をさすことはできません。多くは教師が安全を確認しながら「めうち」のようなものを使ったり、最近は「どんぐりの穴開け用のドリル」などを使ったりしているようですが、この事例のように出来上がりを期待しながら時間をかけて作っていくことも貴重な体験です。子どもたちは作る過程でコンクリートの面によって削れたりコマがよく回らなかったりすることに気づいています。二人が経験を通して気づいたことは学級の他の子どもたちに伝わっています。他の友達の先行経験を自分の遊びに生かすという体験は「協同的な学び」として大切です。このような体験は自分のめあての実現に役立つだけでなく、友達のよさの発見や存在の大切さに気づくなど重要な側面がたくさんあります。このことを子どもたちが意識できるように双方の子に伝えていくことが教師として大切なことです。5歳児になっても学級の幼児同士の関わりやつながりがうすいと感じたらこの辺の指導が十分だったかどうか振り返ってみるとよいでしょう。

(磯部頼子)

第2章

葉にある線－葉脈の発見と科学用語による表現

5歳児

擦り出し－「ふしぎ、葉っぱが出てくる」

葉の擦り出しを通して、子どもが葉の形の多様性や葉には共通した線、すなわち葉脈があることを発見していきます。

　ハナコは、登園の途中に色づいたイチョウの葉を拾ってきました。
「先生、イチョウの葉っぱ黄色くなっているよ。」と担任に見せます。
担　任「本当ね。ハナちゃんが朝の支度終わるまで、この葉っぱ先生に貸して。」
と葉を預かり擦り出しをしておきます。ハナコは所持品の始末を終えてすぐに担任のところへ来ました。
担　任「ハナちゃん、イチョウの形が写っているでしょ。」といって擦り出したイチョウの葉を見せました。
　近くにいたサクラもその様子を見て「先生、それどうやって描いたの？」と問いかけてきます。担任は擦り出しのやり方を二人に知らせます。（斜めに軽く、紙を上にのせて擦ること。力の入れ方によって濃さが変わること。）ハナコとサクラはすぐに自分たちのクレヨンを持ってきて試し始めました。
ハナコ「わー、きれいに出てきた。」
サクラ「私も大成功！」と歓声を上げています。
担　任「不思議ね。どうして擦ると写るのかしら？」
ハナコ「葉っぱがあるから、写るんだよね。」
サクラ「葉っぱの筋まで見える。」とつぶやいています。二人は他の葉を探しに外に出かけました。仲良しのアスカも一緒に葉を拾って帰ってきました。

○................... 実践例　科学概念理解

　アスカはハナコとサクラの様子を見てクレヨンで擦り始めますが、力の加減がわからず強く擦っています。
アスカ「私の葉っぱよく見えないよ。」とサクラに伝えると、
サクラ「やさしくこうやって擦るんだよ。」と擦り方と力加減を伝えます。
アスカ「そうなんだ。もう一回やってみよう！」と再び取り組んでいました。
　三人は、ケヤキの葉、サクラの葉、イチョウの葉、モミジの葉、ツバキの葉など次々に擦りだしています。様子を見ながら
担　任「いろんな形が出てくるね。この葉（ツバキ）はどうして中に線がないの？」
アスカ「この葉（ツバキ）はツルツルだけど他のは、いっぱい線があるでしょ。だから、写らないの。ねーハナちゃん！」とすぐに答えます。
担　任「この線のことは難しい言葉で葉脈って言うのよ。小学生になってからお勉強することだけれども…」と伝えます。その後、擦り出した葉を切り取って壁面に飾ることも提案しました。
　三人は繰り返し葉を擦り出しています。擦りながらサクラが「イチョウはそーっと擦らないと線（葉脈）が見えなくなるのよね。」ハナコ「そうそう」とうなずいています。

サクラ「先生、イチョウの葉っぱはこの形とこの形があるよ。」と雄と雌があることに気づきました。
担　任「よく気がついたね。こっちが女の葉っぱで、こっちが男の葉っぱなのよ。他の葉っぱにも雄と雌があるのないかしら？」と三人に話しました。

　擦りだしは、学級全体にも広がりました。壁や遊具の凹凸を見つけて模様を擦り出す様子も見られました。

（大澤　洋美）

第2章

> **科学教育の視点**
>
> 植物の理解
>
> 　植物には根、茎、葉という共通の構造があることを小学校3年理科で学習します。この学習の素地には、植物の多様性への気づきが必要であることはいうまでもありません。多様な中にも共通性があることを発見することは理科学習の基本です。植物名をいちいち記憶しなくても、植物の特徴をこのような科学的な言葉で表現することができるからです。この実践にも小学校3年理科学習に相当する活動が含まれています。植物の葉の形の多様性に気づくと同時に、そこにどの植物にも共通して線があることを子どもは発見するのです。教師は「葉脈」という言葉を与えていますが、これは子どものこうした気づきに対して後から与えています。これは正しい指導です。逆にしたら、子どもにとっては何の意味もありません。子どもが見つけた物に対して言葉が与えられる、同時にそれは皆に共通した理解として受け入れられる。理科で使われる科学用語はすべてこのような性質をもつものでなければなりません。この実践ではこのことが確実になされています。興味ある活動です。この活動はさらに、雄花と雌花である、植物における雄、雌の区別という気づきへの素地も暗示しています。これも小学校高学年理科での学習へつながります。
>
> （森本信也）

○·············· 実践例　科学概念理解

幼児教育の視点

葉の特徴に気づきながら

　きれいな落ち葉は子ども、特に女児は大好きでよくたくさん集めては、「花束」といって遊びに使っています。この事例では、登園の途中で拾ってきた落ち葉を担任に持ってきたところ、担任はただ受け取るだけでなく、それを使って「擦り出し」という手法で新たな活動の方向を示しています。自分の拾ってきた落ち葉を教師が造形に使ってくれたことは大きな喜びでしょう。そのことと出来上がった作品から意欲的にかかわったのは当然といえるでしょう。

　この「擦り出し」は擦る強さや「葉」によって出来上がりが異なります。この事例でも、うまく出来なかった子に成功した子が教えています。擦る強さとともにクレヨンなど擦り出しに使う描画材料の質や擦る面の幅などさまざまな条件も出来上がりに影響します。子どもたちがおもしろさを感じていろいろ試したり繰り返し活動したりするまで教師は成功できるように援助することが大切でしょう。

　子どもたちは「つばきの葉」は「つるつるだからできない」ということに気づいています。担任は「葉脈」という言葉を伝え、葉脈によって浮き出し方が異なることを伝えています。また、イチョウの葉の違いに気づいた子どもにはイチョウの特性も伝えています。子どもたちが出来上がりを予想しながら葉を選んだり擦り出したりする「期待」や「ドキドキ感」は学びの基礎として大切にしたいものです。

（磯部頼子）

第2章

生命の誕生と生命を育む環境についての考えの芽生え

5歳児

かわいい芽が出た！ 早く大きくなぁれ！

「お米は何からできている？」「種かな？」という教師の子どもへの投げかけから活動が始まりました。米を実際育て、その環境の特徴について子どもは色々な気づきをします。

担任は、米作りのパンフレットを持ってきて子どもたちに見せました。
担　任「みんなはご飯好き？」
子ども達「好きー！白いご飯、おいしいよね！」
担　任「先生も白いご飯、大好き！ご飯が何からできるか知ってる？」
子ども達「お米だよ！」
担　任「それじゃ、お米は何からできるか知ってる？」
子ども達「うーんＶ種、かな？」
担　任「先生、実は今日、持って来たんだ。これだよ！」　種籾を子ども達に見せる。
子ども達「小さいー！見えなーい！」
担　任「そうなの、こんなに小さいものから出来るんだよ。すごいよね。みんなもお米作り、やってみる？」
子ども達「うん！！」
　ひとりに10粒ずつ種籾を配りました。小さな容器に種籾を入れ、水をはりました。
担　任「種籾は、毎日、水を替えてあげないといけないんだって。新しい水を毎日吸うと、元気な芽が出てくるんだって。」
ヒ　マ「種籾は水がご飯なんだね！」

　翌日から毎日、種籾の水替えが始まりました。種籾が入った容器が置いてあるテーブルから取って水を替えます。水を替えた後は、水を替えた方の別のテーブルへと移動させます。
コウセイ「そーっと…」　容器をゆっくりと傾けながら水を替えようとしています。

○·················· 実践例　科学概念理解

ミズキ「うわぁ、こぼれちゃうよ。」水を流すところに手を
　　　　添えて種籾がこぼれないようにして水を替えます。
イッセイ「よいしょ。」1粒ずつ種籾を取り出してから水を
　　　　流し、また種籾を入れて新しい水を入れています。
ミズキ「イッセイくん、遅いね。大変そうだね。」
イッセイ「難しいよ！」
コウセイ「そーっとやると大丈夫だよ！」
担　任「種籾は小さいから大変ね。いろいろ頭で考えてやら
　　　　ないとね。」

後日、種籾から小さな芽が出てきました。
ヒ　マ「先生、見てー！芽が出たよー！」
ユ　ミ「この白いのがそうだよね！昨日より伸びてる‼」
担　任「うわぁ、かわいい芽だね！」
ヒ　マ「かわいいね。早く大きくならないかな。」
担　任「爪ぐらいの大きさになったら土の中に植えて苗にしようね。」

　ついに種籾から5ミリほどの芽が出て発泡スチロールで作ったプランターに種まきを
しました。芽が伸びていく様子を毎日、観察し、大切に育てていきました。
ヒ　マ「あ、緑の芽が出てきた！」
担　任「やった！」
ユ　ミ「お水、あげなきゃ。」
ヒ　マ「本当だ、（土を手で触って）乾いてる！お水
　　　　をあげなきゃ！」

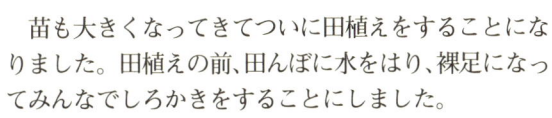

　苗も大きくなってきてついに田植えをすることにな
りました。田植えの前、田んぼに水をはり、裸足になっ
てみんなでしろかきをすることにしました。
ヒ　マ「泥んこ気持ちいいね！」
ココネ「先生、見て！」
担　任「きゃー、泥んこだね！」
ココネ「やわらかい！」
担　任「そうだよ。硬い土だと、なかなか根っこが伸びないんだよ。だからみんなで水
　　　　と土を混ぜてやわらかくするの。それに、水や空気を足で混ぜると、土も元気
　　　　になるんだよ！」

第2章

ヒ　マ　「元気な土だと元気なお米ができるかな？」
担　任　「そうだね！元気ないいお米ができて欲しいね！」

　　後日、田植えをしました。
担　任　「ぐっと土の中に入れてすっと上に立
　　　　　たせるんだよ。」
ユ　ミ　「うわぁ。難しい。」
コカゲ　「できた！ぐってやるんでしょ。」
担　任　「うん、ぐっとね！」
ユ　ミ　「水の中ってあったかいね。」
コカゲ　「土の中はもっとあったかかったよ！」
担　任　「いっぱい植えられたね！」
ヒ　マ　「早く大きくならないかな。」
イチカ　「いっぱいできたらおにぎりパーティーしようね！」

(髙野　悠)

科学教育の視点　　　　　　　　　植物の成長過程の理解

　生命の誕生、さらにはこれを育む環境についての子どもの考え方の芽生えが見える興味深い実践です。子どもの発言からそれらを見ることができます。
　「お米は何からできている？」「種かな？」が教師と子どものやりとりとして現れています。もちろん、子どもは米が種であることは知りません。そこで「米の種」である種籾が紹介されます。種に水をやればよいことについて、子どもは体験として知っています。だから水をやるのですが、ここではこの見方を少し発展させ、理由づけさせたのが「種籾は水がご飯だね！」という発言です。種の発芽には水がいるという直感的な考え方です。発芽に水が必要ということは小学校5年生の理科で学習します。素朴な見方ですが、植物の誕生に水が必要ということを幼稚園の子どもは「水がご飯」という言葉で表現しています。生命の誕生に関わる要因をこの言葉で直感的に表現しようとしているのです。
　生命を育むためにさらに、苗の水から土への移植が行われます。しかし、生

○ ·············· 実践例　科学概念理解

命を育む環境についての子どもの考え方にも直感的ながら興味深い表現を見ることができます。「元気な土だと元気なお米ができるかな？」「水の中ってあったかいよ！」「土の中はもっとあったかかったよ！」生命が育まれる環境として水や土があげられますが、それは無機質な土や水という捉えではなく、生命を育むために必要な環境であることをこれらの言葉で表現しようとしているのだと思います。生命の誕生とこれを育む環境についての子どもの考え方の芽生えが現れています。価値づけてやりたいと思います。

（森本信也）

幼児教育の視点　　心をこめて世話することがおいしいお米に

　稲を育てる園は多くなってきましたが、種籾から育てるのはなかなか難しいことです。種籾を流さないように細心の注意をはかりながら水替えをしている子どもたちの真剣な表情が浮かびます。

　本当に小さな種籾から小さな芽が出たときの感激は大きかったことでしょう。初めに「ご飯は好きか」問い掛け、「ご飯は何からできるか」を尋ねています。子どもたちは「米」→「種」という考えでしたが、「種籾」に初めて出合い、その小ささに驚いていました。その驚きや感激が自分たちで毎日水を取り替える行動を支えていたと思われます。

　田植えのための土づくりでは、泥の感触を感じています。この時の担任の言葉は「硬い土だと根っこが伸びない・・・水や空気を足で混ぜると、土も元気になる」と子どもたちがしていることの意味を伝えています。実践と理論が結びつく、大事なチャンスですね。子どもは「元気な土だと元気なお米ができるかな」と担任の言葉を理解しています。そして田植えの時には、「水の中はあったかいね」「うん、土の中はもっとあったかかったよ」と感じたことを言い合っています。また、土作りの体験とも比べています。

　小さな種籾から大好きなお米ができることを実感したことは、食育の面からもすばらしい体験です。また、手間をかけることで大きく育つということが体験を通して実感できたことは、ものを大切にすることにつながります。秋には、たくさん収穫し、おにぎりパーティーが盛り上がったことでしょう。

（磯部頼子）

第2章

予想を立てて、確かめる活動

5歳児

きれいー！
いろいろな色の色水ができた！！

　子どもが花や葉から色々な色の色水を絞り出し、色調の変化を楽しむ活動がなされています。子どもは色々な予想を立て、どうすれば花からたくさん色水を絞り出せるか確かめようとします。

　外水道の前に、すり鉢とすりこぎ、透明のカップを担任が用意し、テーブルに置いておきます。そこへ、三人の幼児が集まってきました。
アヤネ「何してるの？」
担　任「これで面白いことしてみようと思って。」
　パンジーの花がらを摘み、すり鉢に入れる。そこに水を入れてすりこぎでつぶし、色水を作ってカップに入れます。
アヤネ「すごーい！きれいな色が出た！」
シャナ「やってみたい！」担任と一緒に、花がらを探しに行きます。
シャナ「これは摘んでもいいの？」
担　任「いいよ。こうやって少し枯れてる花やしおれている花を選ぶんだよ。こういう花を摘んであげると、また元気な新しい花が咲くようになるからね。」
アヤネ「あった、これもいいんだよね！」
担　任「そうだね、よく見つけたね！どんな色が出るかな？」
シンキチ「やってみよう！」

　見つけた花を持ってテーブルに行き、すり鉢の中に入れてすり始めました。
アヤネ「(色が)出てきた！」
シンキチ「出てこないよー。」
シャナ「それじゃ、だめだよ。ゴリゴリやると、出てくるよ！」

○……………実践例　科学概念理解

担　任「ゴリゴリって強くやると色が出てくるんだね。大発見だね！」
シンキチ「本当だ！出てきた。」
アヤネ「きれい！もう１個やりたい！」
　いろいろな花を摘んでくり返し色水を作って遊んでいます。できた色水をカップに入れてテーブルに並べました。
シャナ「きれいー！」
担　任「いろいろな色の色水ができたね！」と言い、同じような色の色水を近くに並べます。
アヤネ「あれ？これとこれ、違うね。」（同じような赤色の色水を指して言います。）
担　任「本当だ！同じ赤なのに違うね。不思議だね。」
アヤネ「わかった！ゴリゴリっていっぱいやったのとやらないのじゃない？」
シャナ「違うお花で作ったんじゃない？」
担　任「そうかもしれないね。面白いね。」

　翌日、違う幼児が「昨日、シャナちゃん達がやってたの、やりたい！」と言ってやって来ました。担任と一緒に用具等、準備して遊び始めました。
セ　ナ「出来た！きれいだね。」
ヒ　ナ「あれ？出来ないよ。」
セ　ナ「ゴリゴリやると出てくるよ。」
ヒ　ナ「…出てこない。」
担　任「セナちゃんの、きれいなピンク色だね。ヒナちゃんも同じ花びらで作ってるんだね。」
ヒ　ナ「でも、出てこないの。」
担　任「なんでだろうね？セナちゃんは、１、２、３、４、５、６、７枚の花びらで作ってるんだね。ヒナちゃんは？」
ヒ　ナ「１、２、３枚。」
担　任「そっか。セナちゃんみたいにいっぱいの花びらでやったら色が出てくるかな？」
ヒ　ナ「やってみる！」と言ってまた花を摘みに行く。先ほど作った中に入れ、再びすりこぎですっている。
ヒ　ナ「出てきた！」
担　任「きれいなピンク色になったね！やったね！」

第2章

また違う日、2人の幼児が色水遊びをして遊んでいます。

ユウカ「先生、見て。」
担　任「わぁ、緑だ！お茶みたい。花でやったの？」
ユウカ「葉っぱでやったの！」
担　任「葉っぱでも出来るんだ！すごいね！」
リ　コ「私もやってみる！」　と言って葉っぱを摘んで来ます。
ユウカ「もう1回、やってみようっと。」　と言って草を摘んで来ます。
リ　コ「出てこないなー。ユウカちゃん、それでやるの？」
ユウカ「うん。硬い葉っぱだと出来ないんだよ。やわらかい葉っぱの方がよく色が出るんだよ。」
担　任「やわらかい葉っぱの方がいい色が出てくるんだ！すごい！それは大発見だね！！」

（髙野　悠）

科学教育の視点　　　　　　　　　　　　実験の理解

　子どもが花や葉から色々な色の色水を絞り出し、色調の変化を楽しむ活動がなされています。ここでの活動にはいくつかの注目すべき内容が含まれています。担任がすりこぎで色水を絞り出すことを子どもが模倣することから活動は始められます。担任のまねをして、すりこぎで花をすっても始めはあまり色水が出てこない。そこで、子どもは「ゴリゴリやると出てくる」ことを発見します。子どもはこの発見を基に別の花も「ゴリゴリ」すれば色々な色水を絞り出すことができることを確かめます。これは理科でいう「予想や仮説」の芽生えです。「こうすれば、こうなる」という考え方を子どもが身につけたのです。

　こうした形式の考え方はさらに発展します。少ない花びらでは色水は出ない、いっぱいあると色水は出るんだという発見につながります。さらには、硬い葉ではなく柔らかい葉を絞った方が色水がよく出ることの発見にもつながっていき

○............ 実践例　科学概念理解

ます。色水をたくさん絞り出してみたいという子どもの思いや願いを実現させる過程で、彼らは将来の理科学習で必要とされる思考法の素地を自然に身につけようとしているのです。担任の「大発見だね！」という子どもの活動への価値づけがその活動を後押ししています。

(森本信也)

幼児教育の視点

試しの中での新たな発見

担任がしていることに興味をもったアヤネが活動し、アヤネのしていることに興味をもったシャナが、シャナのしていたことにセナとヒナが、また、次の日、ユウカとリコが、というように連鎖しています。他の幼児の活動が環境として重要な働きをしています。

担任は枯れている花やしおれている花を摘むことについて「こういう花を摘んであげると、また元気な新しい花が咲くようになるからね」と大切なことを伝えています。

子どもたちは「花や葉などと水の量との関係」「すりこぎのすりかた」「花の量とできた色水の関係」「かたい葉とやわらかい葉の違い」などに気づいています。また、同じ赤でも違うということにも気づいています。このことは他と比べる、比較するという学習では大事なことを意識せずに、しっかりと体験していることになります。幼稚園で遊びを大切に考えることの一つです。知らず知らずに「学ぶ」おもしろさを体験しています。

すべての遊びがそうかというと、そうではなく、そこに教師の意図や願いが込められているかどうかで違ってきます。

教師が環境として用意する時に、どのような思いを込めて行っているかが大きな影響を及ぼします。

(磯部頼子)

第2章

予想を立てて活動する

5歳児

風とおしくらまんじゅうしてる？

　凧を作り実際に飛ばしてみて、よく飛ぶ凧の仕組みを子どもは発見します。また、風の存在にも凧揚げを通して気づいていきます。

【凧の作り方】
材料…障子紙、竹ひご、たこ糸、紙テープ
1日目　障子紙を斜めに切り、2枚を糊で貼り合わせる。
　　　　障子紙に竹ひごを十字にのせ、竹ひごは小さく切った障子紙で貼り固定する。（二人組で行う）
2日目　絵の具で好きな絵を描く。
3日目　横の竹ひごにたこ糸を結び、竹ひごを後ろに反らしカーブをつける。
　　　　竹ひごの重なり合った部分に引くたこ糸を結び、しっぽをつける。

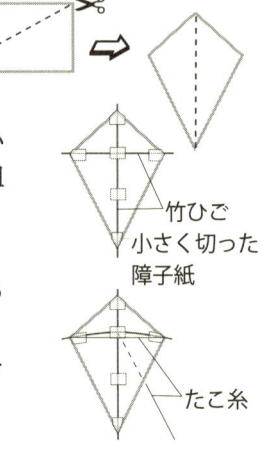

　二人組になったユウタとシンゴは作りながら
ユウタ「竹ひごのカーブはこれぐらいでいいのかな？」
シンゴ「しっぽの長さはどうしよう。」などと話しながら作っていました。
　たこ糸の長さを決める時は、二人で相談しながら一人が糸を押さえ、もう一人が廊下の端まで（4クラス分の長さ）歩いて行き糸を切り、段ボールの台紙に巻いていき、同じことをもう一人分作りました。

○……………… 実践例　科学概念理解

　３日間かかってやっと出来上がると、二人は顔を見合わせて声をそろえて「できた」とニコッとします。二人は出来上がった凧を持ち担任の所へ行き、
シンゴ「先生、校庭へ行ってきま〜す。」
ユウタ「凧、揚げてくるね。」　と二人は走って行きました。
　他の幼児も出来上がると、凧を持って校庭に行きました。しばらくして担任が校庭に行くと、
ユウタ「先生、見て、見て〜」と言い、校庭を力いっぱい走っています。シンゴや他の子も力いっぱい走っていました。
担　任「揚がった？」
ユウタ「うん、でも、いっぱい走ったからちょっと休憩！」
シンゴ「ぼくもいっぱい走ったら高く揚がったよ。」
　と二人ともハァーハァーしています。
担　任「そうね。でも、いっぱい走らなくても高く揚がる方法があるといいのにね。」
　と、風に気付いてほしい思いをそれとなく言います。三人で並んで他の子の様子を見ているとどの子も凧揚げ初日ということもあり、みんな走っています。４〜５分休むと
ユウタ「休憩したからもう大丈夫。凧揚げするから、先生、凧持って。」
担　任「いいよ。」
　担任が凧を持つとユウタは走り始めました。校庭の端まで行き向きを変えると凧が揚がったままになっています。
ユウタ「あれ？走らなくても凧が揚がっている」
シンゴ「先生、ユウタ君走ってないのに凧が揚がっているよ」
　と自分の凧を置いたまま走ってユウタの側へ行くので、担任も後を追って走っていきました。
シンゴ「ユウタ君すごい。走らないのに凧が揚がっている。」
ユウタ「うん、びっくりしちゃった。」
担　任「すごいね。クイックイッって糸を引っ張ればいいんだ。」
　とユウタの動きを言葉に表しました。
シンゴ「えっ、糸を引っ張るって？」　とユウタの動きを見ます。
シンゴ「わかった。ぼくもやってみる。」
　と置いてきた凧を持ってきてユウタと同じようにしています。
シンゴ「同じようにやっているのに、どうしてぼくのは揚がらないのかな？」
担　任「ユウタ君の凧とどこが違うんだろうね。」

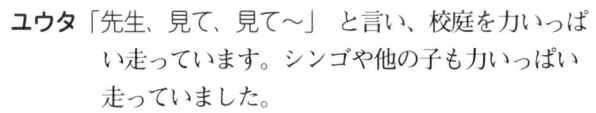

第2章

　担任の言葉にシンゴはユウタの凧を見る。他の幼児たちも集まってきてユウタの凧を見て、
タクヤ「ユウタ君の凧、しっぽが長いね。」
ツヨシ「しっぽが2本ついているよ。」など自分の凧との違いを口々に言っています。
シンゴ「ぼくのだって、しっぽは長いし、2本ついているし、ユウタ君の凧と同じなのに。」
　シンゴもしばらくじっと見ていましたが、
シンゴ「わかった！ 竹ひごのカーブが違うんだ。」と言い、竹ひごにたこ糸をからめ、さらに弓なりになるようにカーブをつけていきました。
シンゴ「やってみるね、先生凧持ってて」
担　任「いいよ。」と凧を持ち、
シンゴ「いくよ。」と少し走ると凧が揚がりました。
担　任「やったね。大成功。そうそう糸をクイッ クイッとひっぱってね。」
シンゴ「こうかな？」と言いながら糸を引きます。周りにいた幼児も「シンゴ君すごいね。」と喜んでいます。
担　任「もっと糸を長くしてごらん。」と声をかけると、
シンゴ「えっ？だいじょうぶかな？」と少し心配そうでしたが、糸を伸ばしていきます。
シンゴ「わぁーすごい。どんどん揚がっていくよ。」
ユウタ「ぼくもやってみよう。」と糸を伸ばして一番長くします。
シンゴ「すごいね。」
ユウタ「見て見て！3階の窓より高くなってるよ。」と校舎と見比べて言います。
シンゴ「本当だ！高いね。」
ユウタ「凧が風とおしくらまんじゅうしているみたいだね。」
シンゴ「そうだね。おしくらまんじゅうしているから高く揚がっているんだね。」

（難波　和美）

○⋯⋯⋯⋯⋯ 実践例　科学概念理解

科学教育の視点

観察実験の理解と結果の表現

　この活動で、子どもは偶然凧が風に乗って揚がることを発見します。そして、揚がった凧とうまく揚がらなかった凧との比較をして、原因を調べようとしています。しっぽの長さや数、凧の竹ひごのカーブがうまくいく原因であることを発見します。幼児のこの活動は理科における観察に匹敵します。しかも、子どもは闇雲に活動はしていません。「うまく揚がる凧の仕組みを発見する」、というきちんとした目的意識を持って観察を行っています。適切な指導があれば、幼児でもこの事例にあるような観察活動ができるのです。

　さらに、この事例では「しっぽや竹ひごを変えれば、凧は揚がる」という予想のもとで凧揚げをしています。理科で実験をするときにはこの例にあるように必ず予想を立てます。「こうすれば、こうなるはずだ」という考えのもとに行うのです。観察と同じように実験という考え方も子どもは無意識ながら身につけようとしています。教師の適切な支援の賜です。

　もう一つここでの活動の意味を指摘しておきたいと思います。「凧と風がおしらまんじゅうしている」という表現です。子どもは明らかに風の力をイメージしています。理科では目に見えないものを表現するのにモデルを使います。ここにはその芽生えを見ることができます。

（森本信也）

幼児教育の視点

友達と比べて学ぶ

　子どもたちは凧を持つと必ずといってもよいほど駆け出します。駆け出せば風があろうとなかろうと少しは揚がった気がして多少の満足感が得られるからです。また、凧揚げの醍醐味の体験がないこともその一因です。この事例でも5歳児がはじめ駆けて揚げています。教師は「いっぱい走らなくても高く揚がる方法があるといいのにね」と言っていますが、なかなか伝わらないようです。

　ところが、偶然に走るのをやめても凧が揚がっているのをペアの相手が気づき

115

ます。友達の動きを気にかけていたからでしょう。このユウタを見ると、『気づく』『考える』『わかる』『行動する』を繰り返しています。はじめに『走らなくても揚がる』『どうして？』『糸を引っ張る』『揚げる』次に同じようにやっているのに『どうして？』。教師に「ユウタの凧とどこが違うんだろうね」と言われ、見比べて考えています。そして『竹ひごのカーブが違う』と気づき、『竹ひごに凧糸をからめ弓なりに』しています。

　成功すると教師に「やったね。大成功」と認められ、周囲の子からも認められています。この『気づく』『考える』『わかる』『行動する』ことは、満足感、達成感が一層強く実感でき、充実感が味わえます。このためにはモデルとなる相手の存在も大きく、ユウタ君の偶然の成功が大きな役割を果たしています。

　5歳児の凧あげでは「風」を感じてほしいものです。どの方向から吹いてくるのか、風の向きと凧をあげる方向に気づくような言葉かけがあれば子どもたちは気づくはずです。そのためにはよくあがる凧ができるような材料の用意が大切でしょう。「風とおしくらまんじゅう」なんて、子供は詩人ですね、こんなつぶやき、たくさん見つけたいものです。

（磯部頼子）

執筆者一覧

森本信也	横浜国立大学教授
磯部頼子	株式会社ベネッセコーポレーション・ベネッセ次世代育成研究所顧問
川越秋廣	新宿区立戸塚第二小学校校長・戸塚第二幼稚園園長
大澤洋美	品川区立平塚幼稚園園長
喜多川千秋	新宿区立戸塚第二幼稚園教諭
髙野　悠	品川区立平塚幼稚園教諭
難波和美	練馬区立光が丘さくら幼稚園副園長
山崎紀子	品川区立御殿山幼稚園長

あとがき

　幼児期の大切さ、特に遊びが大事ということは多くの人が口にしますが、実際にどのような面で大事なのかということはどうでしょうか。また、幼児教育に携わっている方々のなかにも幼児の遊びに見られる「質」＝「学び」を見過ごしていることはないでしょうか。

　今回、本書ではこのことに視点をおいて、幼児の遊びの場面を解説してみました。子どもたちはさまざまな場面でさまざまな気づきや発見をし、試したり学んだりしているのがわかります。その際、友達や教師の存在が大きな影響を及ぼしているのもわかります。特に教師の意図的なかかわりが子どもたちの気づきや学びの支えになっています。

　このように子どもたちと教師がかかわりあいながら遊びを創りだしていくことがこの度「幼児期の教育と小学校教育の円滑な接続の在り方に関する調査協力者会議」が出した報告（平成２２年１１月）でいう「学びの芽生え」ではないかと考えます。報告書では、幼児期の学びの芽生えが児童期には自覚的な学びへと移行していくと考え、次のように記述しています。

「幼児期は自覚的な学びへ至る前の段階の発達の時期であり、この時期の幼児には遊びにおける楽しさからくる意欲や遊びに熱中する集中心、遊びでの関わりの中で気きが生まれてくる。こうした学びの芽生えが育っていきそれが小学校に入り、自覚的な学びへと成長していく。すなわち幼児期から児童期にかけての時期は学びの芽生えから自覚的な学びへと発展していく時期である。」

以上のような記述からも幼児の遊びが充実し、その中でさまざまな体験を積み重ねることの大切さが理解できます。

本書では、子どもたちの遊びの同じ場面を理科教育と幼児教育の両方の立場から解説しました。実際の指導の場面で役立つことを願っています。

終わりになりましたが、刊行にあたって多大なお力添えをいただきました学校図書株式会社教育産業部長前沢忠義様、第二編修部小学校理科編集長矢野高広様に心より感謝申し上げます。

2011年4月　磯部頼子

森本　信也　（もりもと　しんや）
横浜国立大学教授　博士（教育学）理科の教授学習論を専攻
主な編著著書　近刊として
『論理を構築する子どもと理科授業』（編著 2002 年）
『子どもの感性がつくる理科授業』（編著 2003 年）
『考え・表現する子どもを育む理科授業』（編著　2007）
『子どもの科学的リテラシー形成を目指した生活科・理科授業の開発』（編著 2009 年）
『子どもが意欲的に考察する理科授業全 4 巻』（編著 2010 年）
いずれも東洋館出版社

磯部　頼子　（いそべ　よりこ）
東京都公立幼稚園教諭、東京都教育委員会指導主事、東京都公立幼稚園園長、学校法人竹早学園竹早教員保育士養成所及び帝京平成大学講師等を経て、現在株式会社ベネッセコーポレーション・ベネッセ次世代育成研究所顧問。
著書
「保護者を支える場としての幼稚園」（ベネッセ教育総研）
「幼児の遊びにみられる学びの芽」（ベネッセ次世代研究所）　など

レベルアップ 授業力
理数教育へのつながりを考える
幼児の体験活動に見る「科学の芽」

平成 23 年 7 月 12 日　初版第 1 刷発行
平成 25 年 10 月 2 日　　　第 2 刷発行

編著者　森本信也　磯部頼子
発行者　奈良　威
発行所　学校図書株式会社
　　　〒114-0001　東京都北区東十条 3 - 10 - 36
　　　電話　03 - 5843 - 9432
　　　FAX　03 - 5843 - 9438
　　　URL http://www.gakuto.co.jp

装丁（カバー）：川﨑麻美（HiZU）

© Shinya Morimoto , Yoriko Isobe
ISBN978-4-7625-0137-1 C3040